슬기로운
중학교
입학 준비

슬기로운 중학교 입학 준비

초판 1쇄 펴낸날 2021년 10월 7일
개정판 1쇄 펴낸날 2024년 10월 28일

지은이	이은경·김수린
편집장	한해숙
편집	신경아, 박혜신
디자인	최성수, 이이환
마케팅	박영준, 한지훈
홍보	정보영
영업관리	김효순

펴낸이	조은희
펴낸곳	주식회사 한솔수북
출판등록	제2013-000276호
주소	03996 서울시 마포구 월드컵로 96 영훈빌딩 5층
전화	편집 02-2001-5822 영업 02-2001-5828
팩스	02-2060-0108
전자우편	isoobook@eduhansol.co.kr
블로그	blog.naver.com/hsoobook
인스타그램	soobook2
페이스북	soobook2

ISBN 979-11-93494-86-8 13370

큐알 코드를 찍어서
독자 참여 신청을 하시면
선물을 보내 드립니다.

 한솔수북의 모든 책은 아이의 눈, 엄마의 마음으로 만듭니다

슬기로운
중학교
입학 준비

이은경
김수린
지음

한솔수북

차례

시작하며

몸집보다 큰 책가방을 등에 메고, 땅에 닿을 듯한 실내화 주머니를 손에 꼭 쥔 채 초등학교 교실로 향하던 작고 귀여운 아이의 모습, 기억하시나요? 한 시간 남짓한 입학식 동안 얼마나 여러 장의 사진과 동영상을 찍어 댔는지 말입니다. 입학식 다음 날부터 아이를 혼자 학교 안으로 들여보내고는 불안한 마음에 교문 앞을 서성이다 뒤돌아 나왔던 시간, 학교 마칠 시간이면 행여나 늦을까 싶어 서둘러 달려가 교문 앞에서 기다리던 시간이 아직도 생생한데, 그 아이가 마치 옥수수알 뻥튀기처럼 훌쩍 자라 중학교에 간다고 합니다. 아이의 시간은 어쩜 이렇게 빨리 흐르는지 모르겠습니다.

중학교에 갈 준비를 시작한 아이를 보면서는 언제 이렇게 컸나 싶은 대견함이 먼저지만 초등학교 입학 때보다는 조금 더 묵직한 긴장감과 비장함이 들기도 합니다. 그 정도가 결코 초등학교에 비해 덜하지는 않을 겁니다. 학교라는 사회에 처음으로 적응하는 아이를 보며 잘 적응하기만 하면 바랄 게 없을 것 같던 초등학교 입학에 비하면 중학교 입학의 목표는 단순히 학교 적응만이 아니기 때문입니다. 모든 게 연습 같았던 초등학교에 비하면 중학생이 되면 본격적으로 공부를 해야 할 것 같고, 모든 생활, 태도, 평가가 내신 성적이 된다는 얘기에 비장함이 더해집니다. 그런데 곧 중학생이 될 우리 집의 6학년 아이는 점점 더 말을 듣지 않아 마음만 바쁠 거예요.

구석구석 부모의 손이 필요했던 초등 시기가 끝났으니 알아서 하겠지, 하고 너무 많이 뒤로 물러나지 않았으면 합니다. 중학생도 여전히 부모의 보살핌과 지도가 아이에게 긍정적인 도움으로 작용하는 나이랍니다. 부모가 중학교 입학 과정을 미리 알고 함께 준비한다면 아이는 조금 덜 긴장하게 되고요, 조금 더 유연하게 새로운 학교에 적응할 수 있겠죠. 또 부모가 중학교 3년간의 전체적인 흐름을 아느냐 모르느냐에 따라 아이의 학교생활과 내신 성적이 달라질 수밖에 없는 구조입니다. 물론 중학교 내신 성적이 이전보다 덜 중요해지는 분위기로 가고 있지만 중학생 시기에 잘 잡힌 학습 습관과 공부 자신감은 고등학교 성적과 대학 입시에까지 영향을 미칠 수밖에 없습니다.

초등과의 확연한 차이점이라면 아이가 학교생활을 해 나가는 것에 있어 부모의 손길과 서서히 멀어질 거라는 점입니다. 초등학교 때는 부모가 미리 일일이 챙기고 함께 해결해야 할 것이 많았다면 중학생이 되면 아이가 스스로 하는 일이 눈에 띄게 늘어납니다. 부모가 도와주고 챙겨 주는 것을 부담스러워하는 경우도 생겨나면서 부모의 도움이 필요한 종류의 과제와 수행평가 준비까지도 친구들끼리 모여서 해결하기도 합니다. 이는 성장 단계에 따른 지극히 자연스러운 모습입니다. 초등학교 때처럼 부모가 모든 것을 주도하기보다는 주도권은 아이에게 넘겨주되 아이가 놓칠 수도 있는 부분에 대해서는 무심한 듯 꼼꼼히 챙기는 것이 중학생 부모의 역할이 아닐까 합니다.

알아서 하겠거니, 내버려 두다 보면 학교에서 부모님께 전해 드리라고 배부한 가정통신문이 가정까지 제대로 전달되지 못하는 일이 자주 생기게 됩니다. 아이가 초등학교 때부터 유독 어른 못지않은 정도로 똑 부러지게 스스로 학교생활을 챙겨 왔다면 모를까, 아직은 그렇지 못한 대부분의 중학교 1학년 아이의 학교생활에 관한 관심을 완전히 놓지 않았으면 합니다. 아이가 입학한 학교의 1년 학사 일정을 미리 살펴보고, 학교 행사의 종류와 일정을 대략 파악하고, 부모가 참석하고 챙겨야 하는 행사라면 기억해 두고 살피는 노력이 여전히 필요합니다.

또, 사교육을 지혜롭게 활용하는 전략을 아이와 함께 세우는 것도 중학생 학부모의 중요한 역할이 되었습니다. 초등학교까진 부모가 하라는 대로 하던 아이가 중학교에 들어가면서는 부모의 코칭이 안 먹힐 거라는 생각에 아이의 공부를 학원에만 의존하는 경우가 많습니다. 사교육만으로 성적이 오르고 좋은 성적이 유지될 수 있다면 학원 보낼 돈을 가진 대한민국의 모든 부모가 마음 편해야 할 텐데 그렇지 못하다는 걸 잘 알고 있을 거예요. 사교육은 모든 아이의 모든 경우에 해결책이 되어 줄 수 없습니다.

중학교는 과목의 수가 늘어나고 학습 분량이 확연히 많아집니다. 이 모든 과목과 분량을 사교육에만 의존해서는 주말 없이, 밤낮없이 해도 어차피 시간은 모자랍니다. 학원 수업에 지치고 피곤한 아이는 학교생활에 소극적일 수밖에 없으니 내신 성적이 불리해집니다. 그래서 전략이 중요하다는 겁니다. 중학교의 교육과정과 내신 성적에 반영되는 항목의 실체를 정확히 파악한 후 제대로 전략을 세워야 합니다. 그게 열심히 공부하는 아이를 진정으로 돕는 일입니다.

　그래서 저희 두 사람이 만났습니다.

　첫아이의 중학교 입학을 앞두고 긴장하고 걱정할 대한민국의 모든 예비 중학생 학부모를 위해 20년 이상의 경력을 가진 아무것도 모르고 중학교에 입학해 헤매는 신입생과 학부모를 보며 느꼈던 안타까움과 첫아이의 중학교 입학을 앞두고 정보가 부족해 겪었던 당황스러움이 한낱 에피소드에 그치지 않기 위해 저희가 가진 모든 경험과 정보를 오랜 시간 모으고 정리했습니다. 정보를 담을 때는 교육 현장에 오랜 시간 머문 전문가의 예리한 관점으로 예비 중학생 학부모를 위한 진심 어린 조언을 아끼지 않았습니다. 저희의 생각이 모든 경우의 정답은 아니겠지만 어디서도 쉽게 듣지 못했던 든든한 한마디가 되어 줄 거라는 믿음이 있습니다.

알고 보면 별것 아닌데, 모를 땐 한없이 불안한 중학교 생활을
위한 정보의 바다에 풍덩 빠질 준비, 되셨나요?

어서 오십시오,

슬기로운 중등 생활의 깊고 넓은 바다로.

이은경, 김수린

CHAPTER 1

·
·
·

중학교
첫 1년,
미리 볼까요

·
·
·

요즘 중학교의 첫 1년은 단순히 새로운 학교에 입학하여 적응하고 공부 습관을 잡아 가고 공부량을 늘려 가는 시기 정도라고 생각하기엔 좀 특별한 면이 있습니다. 바로 아이 인생의 독특하고 유일한 경험이 될 자유 학기제가 시행되는 기간이거든요.

자유학기제란 중학교 1학년 중 한 학기동안 다양한 참여형 수업과 체험 활동을 통해 꿈과 끼를 키워 나가는 교육과정을 의미하는데요. 자유 학기동안에는 지필평가 형식의 정기고사가 시행되지 않는다는 특징에도 주목할 필요가 있습니다.

중학교의 새로운 학교 환경과 교육과정에 적응하는 것과 동시에 자유 학기제라는 제도를 충분히 누리고 활용하면서도 2, 3학년의 본격적인 평가를 위한 실력을 탄탄하게 쌓아 가는 시간. 그게 요즘 중학교의 첫 1년입니다.

이 정도만 미리 알고 준비한다면 중학교 입학 준비가 그리 머리 아픈 일만은 아닌데, 그걸 몰라 막연히 불안해하는 부모님들을 보면 안타까운 마음이 듭니다.

알고 보면 별거 아니에요.
잠깐만 시간을 내어 정보를 주워 담자고요!
자, 그럼.

긴장되고 설레는 중학교 첫 1년을 미리 살펴보는 것으로
중학교 입학 준비를 시작해 볼까요?

은근 챙길 게 많은
중학교 진학 과정

초등학교 6학년 2학기인 가을부터는 중학교 진학을 위한 과정을 하나씩 단계별로 밟아 가기 시작합니다. 중학교 지원은 배정원서를 작성할 때 함께 제출하는 주민등록 등본상의 주소지를 기준으로 진행됩니다. 다음 표를 통해 중학교 진학 과정을 단계별로 알아 두면 대략 언제쯤 어떤 과정을 밟게 되는지 알 수 있으니 준비 과정에서의 마음이 한결 여유롭습니다.

6학년의 가을인 11월 정도가 되면 아이가 재학 중인 초등학교에서는 어느 중학교에 배정받기를 희망하는지에 관한 기초 조사를 합니다. 주민등록상의 주소지를 기반으로 하여 지원 가능한 중학교를 안내받은 후, 그 학교 중 희망하는 순서대로 차례로 작

중학교 진학 과정

단계	과정	시기	주관
1	중학교 배정원서 작성	6학년 10, 11월	재학 중인 초등학교
2	중학교 배정 추첨, 발표	입학 연도 1월	해당 지역 교육청
3	중학교 배정통지서 수령	입학 연도 1월	재학 중인 초등학교
4	신입생 예비소집일	입학 연도 1월	입학 예정 중학교

성하면 이것을 바탕으로 배정원서를 작성하게 됩니다.

중학교에 지원할 때 통학 거리만큼 신경을 써야 하는 것이 학교 분위기입니다. 중학교 학군에 따라 진학할 고등학교의 윤곽이 어느 정도 결정되는 제도적인 현실을 고려하여 중학교 학군 선택이 이전보다 신중해지고 있습니다. 중학교의 분위기를 좌우하는 요소는 여러 가지이지만 크게 학급당 학생 수, 전체 학급 수, 학교 규모, 고등학교 진학률, 남녀 성비, 교육열 등을 봐야 합니다.

요즘은 전국 대부분 지역의 중학교가 남녀공학이라 남중, 여중의 개념이 사라져 가고 있긴 하지만, 만약 우리 아이가 초등학교 시절에 이성과의 갈등이 잦았거나 이성 문제로 수업 태도나 학교생활에서의 걱정스러운 부분이 있다면 지원하고자 하는 중학교의 학생 구성 비율을 고려해 보는 것도 좋습니다. 같은 남녀공학이라 하더라도 어느 한쪽 성별의 비율이 압도적으로 높아 무늬만

남녀공학일 뿐, 남학교 혹은 여학교의 분위기를 가진 곳도 있기 때문입니다.

또 해당 학교의 고등학교 진학 결과, 소위 말하는 '입결' 역시 중학교 지원에서 고려해야 할 요소입니다. 그 중학교 졸업생의 가장 많은 수가 진학하는 고등학교는 어디인지, 특별한 변동 사항이 없다면 그 고등학교에 진학할 가능성이 높은데, 그렇다면 그 고등학교의 분위기는 아이의 생활과 학업을 고려했을 때 크게 염려되는 부분이 없는지에 관한 사항입니다.

중학교 신입생 배정 원칙

■ 초등학교 졸업생은 학생의 실거주지에 해당하는 중학교 학군 내 모든 중학교를 학생 통학의 편의 및 근거리 중학교 순위 등을 고려하여 희망에 의해 중복 없이 지망 순위를 정하여 지원합니다.

※ 1 근거리교와 1 지망교를 다른 학교로 희망을 할 경우, 1 지망교가 미달인 경우를 제외하고는 배정 시 근거리 순위자부터 순차적으로 배정되는 방식에 의해 탈락될 확률이 높음.

■ 1 근거리교와 1 지망교가 같은 학생이 해당 중학교 신입생 배정 인원을 초과할 경우에는 컴퓨터 추첨 방식에 의해 배정되므로 탈락할 수 있음을 알려 드립니다.

※ 모든 지원자에게 6단위의 고유번호를 부여하고 이 번호에 따라 추첨을 실시합니다.

→ 학교 번호(00), 학급 번호(00) 지원자 번호(00)

■ 지체 부자유자, 특수교육 대상자, 체육 특기자, 국가 유공자, 다가구 자녀 학생은 선배정합니다.

■ 쌍둥이 학생은 본인과 학부모가 원할 경우 동일교에 배정합니다.

■ 배정원서 작성일 이후에 다음 해 2월까지 동일 중학군 내로 거주지 이전이 확정된 경우에는 증빙서류(공인중개사가 작성한 매매계약서, 전·월세 계약서 등)를 제출하여 학교장의 확인 후 이전되는 거주지로 배정원서를 작성할 수 있습니다.
■ 학군을 위반하여 초등학교를 졸업하는 경우에는 실제 거주하고 있는 주소지를 기준으로 해당 학군 중학교에 배정합니다.
■ 학교폭력 예방 및 대책에 관한 법률 시행령에 관련한 학생들의 배정은 아래와 같이 합니다.
○ 관련 법률: 학교폭력 예방 및 대책에 관한 법률 시행령 제20조 제4항

동법 시행령 제20조 제2항과 제3항에 따라 전학 조치된 가해 학생과 피해 학생이 상급학교에 진학할 때에는 각각 다른 학교를 배정하여야 한다. 이 경우 피해 학생이 입학할 학교를 우선 배정.

지역마다, 해당 교육청마다 중학교 입학을 위한 배정원서 작성 일자에 약간의 차이가 있을 수 있으니 현재 아이가 재학 중인 지역과 이사 갈 지역의 배정원서 작성 시기를 미리 확인해 두세요. 중학교 입학 배정원서는 재학 중인 초등학교가 아닌 6학년 2학기 10, 11월경의 실제 주소지를 기반으로 작성하게 되니 배정받기를 희망하는 중학교가 있는 지역으로의 이사는 늦어도 10월까지는 완료하는 것이 안전합니다.

또, 사회적 배려 대상자에 해당하여 먼저 배정되는 아이도 있습니다. 체육 특기자, 특수교육 대상자, 지체 부자유자, 국가 유공자 자녀, 다자녀 가구 학생인데요, 이 중 한 가지에 해당한다면 6학년 담임 선생님을 통해 미리 안내받아 관련 서류를 준비하여

중학교 배정원서 (예시)

선배정을 지원하면 희망하는 학교에 배정될 가능성이 커집니다.

이렇게 제출한 원서를 수합한 해당 지역 교육청에서 배정을 위한 추첨을 한 후 '중학교 배정통지서'를 배부합니다. 이 배정통지서를 가지고 신입생 예비 소집일에 참가하는데, 입학을 위해 필요한 준비물이 적힌 안내서를 받고 입학 예정임을 확인받는 과정이라고 생각하면 됩니다. 예비 소집에 관한 규정은 지역과 학교마다 자율적으로 운영하고 있으니 아이가 배정받은 학교의 안내를 꼼꼼히 확인하는 것이 좋습니다.

예비 소집일 배부 서류

예비 소집일에는 재학 중인 초등학교에 모여 어느 학교에 배정되었는지를 확인하는 통지서를 받은 후 해당 중학교로 이동하는 것이 보통입니다. 신입생 예비 소집일에는 학생이 참석하는 것이 기본이나 불가피한 상황이 발생하여 학생 본인이 당일에 참석하기 어려운 경우에는 학교 측에 미리 문의하여 불참으로 인한 불편이나 불이익을 겪지 않도록 해야 합니다.

예비 소집일에 입학할 중학교에 가서는 입학과 관련한 서류를 받게 되는데, 초등학교 때와 크게 다르지 않습니다. 학교생활에 관한 안내 자료, 스쿨뱅킹 이체 신청서, 가정환경 조사서, 개인 정보 및 행정 정보 동의서 등, 초등학교 때도 신학기마다 제출했던 서류들입니다. 이날 받은 서류를 미리 작성하여 챙겨 두었다가 입학식 날 아이를 통해 학교에 제출하면 됩니다. 혹시 배부받은 서류를 분실했다면 학교 교무실에 전화로 문의하여 다시 받을 수 있습니다. 중학교 교무실에 전화할 때는 '이번 연도의 신입생 학부모입니다'라는 말을 먼저 꺼내면 정확하고 간결한 문의가 가능하다는 점도 참고하세요.

반 배치 고사, 적성 검사

일부 중학교에서는 예비 소집과 동시에 반 배정을 위한 평가를 하기도 하는데, 시험 성적을 기준으로 균등하게 배치하려는 목적입니다. 최근 들어 학군에 따라서는 이러한 반 배치 고사가 아예 폐지되거나 교과 평가가 아닌 적성 검사 결과로 반을 배정하는 학교가 늘어나는 추세이기도 합니다.

기본적으로는 국어, 수학, 사회, 과학 등 네 과목을 보는 경우가 가장 많지만 영어와 예체능을 추가하여 전 과목을 평가하는 학교도 간혹 있습니다. 반 배치 고사의 결과는 입학생 개인이나 전체에게 공개되지 않는 것이 원칙이며 내용은 초등학교 때 배운 내용의 전 범위가 기본적인 수준에서 출제되는 것이 보통입니다.

반 배치 고사를 앞두고 기억할 점이 있어요. 이 시험을 잘 본다고 해서 학교생활에 두드러지게 유리한 점은 없으며, 반대로 시험을 망쳤다고 해서 크게 불리하지도 않다는 겁니다. 해마다 겨울 방학이 되면 시중에는 중학교 반 배치 고사를 겨냥한 인터넷 강의, 문제집, 특강 등이 쏟아져 나오지만 크게 동요할 필요가 없는 이유입니다. 초등학교에서 공부했던 내용을 한번 꼼꼼히 정리해 보는 의도라면 시험을 앞두고 공부하는 의미가 있지만 단순히 반 배치 고사 점수를 높게 받으려는 목적이라면 굳이 추천하고 싶지 않습니다. 이 시험을 대비해 많은 시간과 노력을 들여 유난스럽게 준비하게 하면서 아이를 긴장하게 할 필요가 없습니다. 아이가 진지한 태도로 시험에 임할 수 있을 정도로만 격려해 주는 것으로 충분합니다.

아이가 입학할 학교에서 예비 소집일에 반 배치 고사 혹은 적성 검사가 실시될 예정이라는 안내를 받았다면 소집일에 참석할 때 필기구를 준비해야 합니다. 학교 측에서 일괄적으로 준비하여 제공하는 곳이 있고 그렇지 않은 곳도 있으니 반 배치 고사 일정과 함께 시험 준비물도 확인하세요.

반 배정 결과

예비 소집일 이후, 보통은 입학을 앞둔 2월 정도에 반 배정 결과가 공지됩니다. 대국민 정보 서비스인 나이스 학생 사이트에 공지되는 것이 보통인데, 사이트에 접속하여 해당 지역 교육청을 선택한 후 '나의 정보' 메뉴에서 '학생 종합 생활기록부'를 선택하면 어느 반에 배정되었는지, 담임 선생님 성함은 무엇인지 등 기본 정보를 확인할 수 있습니다. 또, 같은 정보를 학교 홈페이지를 통해 공지하는 경우도 있으니 입학식 전에도 확인 가능합니다.

교과서, 교복 관련 안내

parents.neis.go.kr

대국민 학부모서비스(Neis 나이스) 홈페이지

중학교 입학 서류에 포함되는 중요한 사항이 있는데 바로 교과서와 교복에 관한 안내입니다. 교과서를 무상으로 제공하는 것은 초등학교 때와 다르지 않지만 중학교는 과목마다 교과서를 출간한 출판사가 매우 다양하고, 학교마다 선택 과목에 차이가 있어 어느 학교에 입학하느냐에 따라 각기 다른 교과서로 공부하게 됩니다.

만약 입학하기 전에 중학교 1학년의 참고서와 문제집을 미리 살 계획이라면 아이 학교에서 채택한 교과서의 과목별 출판사를 확인하는 것이 좋습니다. 물론, 미리 문제집을 사는 것이 필수는 아니니 서두를 필요는 없습니다. 입학해서 과목의 공부를 시작하면서 어떻게 공부할지에 관한 감을 잡은 후에 준비해도 늦지 않습니다. 괜히 미리 샀다가 1년 내내 문제집 들쳐 볼 시간이 없어 새 책 그대로 2학년에 올라가게 되었다는 경우도 흔합니다.

예비 소집일에 안내받는 서류의 내용 중 가장 중요한 사항은 교복이 아닐까 싶습니다. 학교마다 해당 지역 내에 지정 교복 구입처가 있으니 구매 시기, 구매처 등의 안내를 꼼꼼히 확인하여 준비해야 합니다. 구매가 늦거나 입학과 함께 전학하는 경우에는 원하는 사이즈의 교복을 구하지 못하는 경우도 있을 수 있다는 점을 염두에 두세요. 교복과 복장에 관한 자세한 안내는 91쪽을 참고하세요.

재배정, 전학하는 경우

지내던 지역에서 중학교를 지원하여 배정받은 후 3월 2일 이전에 이사하는 경우 새로운 학구의 중학교로 재배정을 받게 됩니다. 이사 일자는 1, 2월 중이지만 그 이전에 이사 계획이 확정된 상태라면 날짜가 확정되는 대로 재학 중인 초등학교의 6학년 담임 선생님한테 그 사실을 알려야 합니다. 재배정을 위한 서류와 일정을 6학년 담임 선생님이 미리 알고 챙겨야 하기 때문이거든요. 중학교 재배정은 모두 2회에 걸쳐 실시되는데 보통은 1월 말부터 2월 말까지 2, 3주 간격으로 진행되며 재배정 일정은 지역 교육청마다 다르기 때문에 미리 확인하고 초등 담임 선생님의 안내를 받아 절차를 밟아 가면 됩니다.

또, 2차 배정 일정까지 모두 지나간 이후, 그러니까 2월 중순, 말경에 이사하게 되어 재배정 기간 이후에 주소지가 변경되었다면 어느 중학교에 배정될지 결정되지 않은 채로 3월 2일까지 기다

중학교 추가 배정 및 재배정

■ 대상자

구분	대상
추가 배정	우리 교육지원청 배정원서 제출 마감일 이후 관외 또는 관내 타 중학군(구)에서 전학을 온 초등학교 졸업예정자
재배정	관외 또는 관내 타 중학군(구)에서 중학교 배정을 받은 후 재배정 원서 접수 마감 전까지 전 가족이 거주지를 이전하여 관내 중학교 또는 관내 타 중학군(구)에 입학하고자 하는 자

■ 대상자 (2024학년도 일정 예시, 지역 교육청마다 다를 수 있음)

접수 기간	결과 발표일
2024. 1. 24.(수) ~ 1. 26.(금) 9:00~17:00(12:00~13:00 점심시간 제외)	2024. 2. 5.(월) 9:00

려야 합니다. 3월 2일 자 전학생이 되는 거지요. 이 경우에는 입학식 당일 아침에 지역 교육청에 찾아가 학교를 배정받은 후 바로 입학식에 참석해야 하는데, 교육청에 도착하여 학교 지원 서류를 간단히 작성한 후 빈자리가 있는 학교로 배정됩니다. 부모 중 한 사람만 교육청 배정에 참석하면 되기 때문에 같은 시간, 아이는 집에서 대기하다가 부모가 알려 주는 중학교로 등교하면 됩니다.

02

혼자서도 잘해요,
중학교 입학식

    중학교 입학을 앞두고 분주하며 설레는 아이를 보고 있자니 자연스레 초등학교 1학년 입학식이 떠오릅니다. 초등학교 입학식은 상당히 중요한 가족 행사였죠. 부모님은 물론 조부모님, 가까운 친척들까지 꽃다발을 안고 참석합니다. 초등학교 입학식은 학교 측에서도 어린 동생들을 맞이하는 특별한 날이라 학생들과 교직원 모두 분주하게 준비합니다. 주인공인 1학년 아이들보다 축하하려는 사람들이 훨씬 더 많이 모이는 뜻깊은 행사죠. 이렇게 글을 쓰다 보니 수십 장의 사진을 찍으며 초등학교 입학을 축하하던 그 시절의 기억이 떠올라 뭉클한 마음이 드네요.

    하지만 아쉽게도 중학생의 입학식은 전혀 그런 느낌의 행사가 아닙니다. 3월 2일 오전, 1학년 신입생들이 강당에 모여 입학식을 하는 동안 2, 3학년 선배들은 새 학년 첫날의 수업을 합니다. 학교에 따라서는 각 학년의 대표 학생이 입학식에 참여하기도 하지만 전체적인 분위기는 '너희들은 입학해라, 우리는 우리 할 일을 하겠다' 정도의 느낌입니다. 1학년을 맡지 않은 선생님이라면 한 학교에 근무하면서도 신입생들이 언제 입학식을 했는지 모를 정도랍니다.

입학식에 참석해야 할까요?

중학생이 된 아이는 혼자 등교하여 입학식과 수업을 마치고 돌아오는 평범한 하루를 보내게 되는데, 이런 게 중학교 입학이라니, 실감이 나지 않습니다. 짜장면도 한 그릇 같이 못 먹었는데 말입니다. 간혹 꽃다발을 챙겨 함께 등교하거나 하교 시간을 기다려 학교 정문에서 기념사진을 남기는 부모님도 계시지만 극히 일부입니다. 아이의 중학교 입학을 함께 기념하고 축하해 주고 싶어 참석했지만 막상 그럴 분위기가 아님을 눈치채고 사진 찍을 장소도 시간도 마땅치 않아 당황스러워하는 부모님도 종종 계십니다.

그리고 중요한 사실, 관심을 두고 시간을 내어 입학식에 참석한 부모님을 발견한 1학년 신입생의 대부분은 부모님의 등장을 썩 반기지 않는다는 점입니다. 다른 부모님들은 안 오는데 엄마는 뭐 하러 왔냐며 사진을 안 찍겠다고 실랑이를 벌이는 모습도 해마다 보는 3월 2일 아침의 풍경입니다. 아이의 중학교 첫날과 입학식이 궁금하고 긴장되고 설레겠지만 어련히 알아서 잘 마치고 오겠거니, 하는 마음으로 믿고 기다리는 게 최선입니다.

입학식 당일 수업 일정

3월 2일에 새 학년을 시작하는 중학교 2, 3학년 선배들의 개학식과 등교 시간 등을 고려하여 보통은 그보다 조금 늦은 9시 30분이나 10시 정도에 1학년의 입학식이 시작됩니다. 늦어도 입학식 시작 10분 전까지는 학교에 도착하여 입학식 장소를 확인하고 입장할 수 있도록 여유롭게 출발하게 해 주세요. 반 편성을 미리 공지하지 않은 학교라면 입학식 당일에 안내를 받아야 합니다. 보통은 반 배정 결과가 중앙 현관에 게시되어 있습니다. 배정된 반을 확인하고 나면 입학생 전체가 강당에 모여 입학식을 하는 것이 보통입니다.

강당에서의 입학식이 끝나면 배정된 교실로 가서 담임 선생님과 간단하게 인사를 나눈 후 바로 정규 수업을 시작하는 게 보통입니다. 입학식 당일부터 6교시 정규 수업을 하며 급식도 먹는 거죠. 이런 경우 입학 첫날임에도 시간표에 맞춰 교과서, 공책, 필기도구 등을 챙겨 가야 하니 미리 준비해야 합니다. 그렇지 않고 입학식, 반별 안내 시간을 보낸 후 바로 하교하는 학교도 있으니 학교 홈페이지나 미리 받은 안내문을 참고하세요. 입학식을 마치고 교과서를 배부받는 것도 중요한 일이니 받은 교과서에 바로 이름을 적을 수 있게 네임펜을 챙겨 가면 편리하지요. 교과서를 학교 사물함에 넣고 돌아오기도 하지만 미리 살펴보기 위해 집에 챙겨 가는 아이도 있으니 이를 대비해 책가방을 메고 가면 유용하겠죠.

입학식 등교 준비물

입학하는 날부터 정규 수업이 계획되어 있다면 시간표를 확인하여 수업 준비를 해 가야 합니다. 수업 첫날부터 교과서나 필기구 없이 멍하니 앉아 있지 않도록요. 입학식이 있는 첫날에는 담임 선생님뿐만 아니라 여러 교과 선생님들을 만납니다. 담임 선생님만 만나는 것도 긴장되는데, 첫날부터 국어 선생님, 과학 선생님, 미술 선생님 등 시간마다 다른 선생님이 들어오니 아이들은 정신이 없습니다. 이때 교과서나 필기도구 등 수업 준비 하나 없는 모습으로 앉아 있던 아이는 민망하고 난처합니다. 새로운 친구들 앞이라 더 당황스럽고 부끄럽게 느껴지겠죠. 중학교 생활은 입학하는 날부터 본격적으로 훅 시작된다는 점을 기억하고 입학식 등교 준비물을 꼼꼼히 확인하도록 도와주세요.

긴장은 늦추고 실력은 올리는
중학교 1학년 학사 일정

중학교의 첫 1년은 지금껏 다녔던 초등학교와 크게 다르지는 않습니다. 아이의 학교생활과 평가가 내신 성적에 반영되지 않는 자유 학기제 때문에 더욱 그렇게 느껴집니다. 크게 긴장할 필요는 없다는 뜻입니다. 긴장도와 성취도가 정비례하지는 않기 때문에 안 그래도 중학교 입학을 앞두고 긴장한 아이에게 괜한 겁을 주며 더욱 열심히 공부하기를 강요하지 않았으면 합니다.

하지만 뭐든 적당해야겠죠. 긴장할 필요가 없다는 말에 너무 느슨해져서도 안 됩니다. 당장 1학년 2학기부터는 정기 고사가 시행되며 이 모든 평가가 고입 내신에 반영되거든요. 첫 학기는 살짝 긴장은 늦추고 학교생활을 하되 다음 학기부터 있을 본격적인 평가를 준비하고 연습하며 실력을 쌓아 가는 기간으로 삼으면 좋겠습니다.

　다음 쪽에 보여드릴 전국 여러 지역 중학교의 공통적인 부분을 중심으로 작성해 본 중학교의 1년 학사 일정입니다. 중학교의 학사 일정은 학교마다 행사의 종류와 시기가 다를 수 있지만 큰 차이는 없습니다. 우리 아이 학교의 1년 학사 일정에 관한 정확하고 자세한 내용은 아이 학교 홈페이지의 공지 사항 중 '학사 일정' 또는 '학교 교육 계획'이라는 제목으로 게시된 글과 함께 공유된 첨부 파일을 통해 확인할 수 있습니다. 미리 확인하여 메모해 두면 1년이 편합니다. 또 요즘은 학사 일정이 표기된 달력을 배부하는 학교가 늘고 있으니 이 달력을 가까운 곳에 두고 수시로 보면서 지나갔거나 다가올 여러 가지 학교 행사에 관한 대화를 아이와 자주 나누어 보세요. 학교생활은 자신감이 전부인 거, 아시죠? 미리 알고 준비한다면 자신감은 팍팍 올라갈 수밖에 없습니다.

　학사 일정 중 대부분은 1, 2, 3학년에 공통으로 적용, 운영되지만 특정 학년만 실시하는 것도 있습니다. 이 경우 괄호 안에 해당 학년이 표시되며, 학년 표시가 없는 일정들은 중학교 전 학년에 공통으로 해당하는 행사입니다. 아이가 아직 초등학생인 지금은 당장 내년에 닥칠 중학교 첫 1년만 너무 궁금하겠지만요. 이 책에서 함께 소개하는 중학교 2, 3학년에 관한 정보도 미리 들여다보며 마음의 준비를 해 두면 여유롭고 유익합니다. 시간은 생각보다 정말 빨리 간다는 걸 어느새 중학교에 입학하는 아이를 보며 느꼈을 테니까요. 중학교 생활 전체를 위에서 내려다보는 느낌으로 여유롭게 준비하길 바라는 마음으로 2, 3학년에 관한 정보도 아

중학교 학사 일정 (예시)

시기	학사 일정
2월	신입생 예비 소집일(1학년), 신입생 반 편성 배치 고사(1학년)
3월	입학식, 개학식, 교육과정 설명회(학부모 총회), 기초 학력 진단 평가, 학급 임원 선거
4월	전국 영어 듣기 평가, 지필평가(2, 3학년 중간고사) 학부모 상담 주간, 학생 상담 주간
5월	현장 체험학습, 교과별 행사, 진로 체험
6월	교과별 행사
7월	지필평가(2, 3학년 기말고사), 성적 확인, 자기 계발 프로그램, 교과 행사 등
8월	여름 방학식, 2학기 개학식
9월	학부모 수업 공개, 전국 영어 듣기평가
10월	지필평가(2, 3학년 중간고사), 학부모진학설명회(3학년), 진로 체험
11월	지필평가(3학년 기말고사), 학부모 상담
12월	지필평가(2학년 기말고사), 전교 회장 선거, 발표회, 고등학교 입시(3학년)
1월	종업식(1, 2학년), 졸업식(3학년)

낌없이 미리 공유해 드립니다.

표에서 알 수 있듯 학사 일정 자체는 초등학교 때와 크게 다르지 않습니다만, 초등학교와 확연한 차이점이라면 아이가 학교생활을 해 나가는 데 있어 부모님의 도움에서 서서히 멀어질 거라는 점입니다. 초등학교 때는 부모님께서 미리 챙기고 함께 해결해야 할 것이 많았다면 중학생 때는 아이가 스스로 하는 일이 눈에 띄게 늘어납니다. 부모님이 돕거나 챙겨 주는 것을 부담스러워하는 경우도 생겨나면서 부모님의 도움이 필요한 과제와 수행평가 준비까지도 친구들끼리 모여서 해결하기도 합니다. 성장 단계에 따른 지극히 자연스러운 모습입니다.

아이가 알아서 하겠다고 한다고 원하는 대로 두는 것이 최선은 아닐 수 있습니다. 아이가 알아서 하는 일의 종류와 가짓수가 늘어나다 보니 부모님은 초등 때보다 시간상으로 여유롭지만 여전히 관심을 가져야 합니다. 알아서 하겠거니 하고 내버려 두다 보면 학교에서 부모님께 전해 드리라고 배부한 가정통신문이 가정까지 제대로 전달되지 못하는 일이 흔합니다. 아이가 초등학교 때부터 유독 어른 못지않게 똑 부러지고 빈틈없이 스스로 학교생활을 챙겨 왔다면 모를까, 그렇지 않다면 중학교 1학년 아이의 학교생활에 관한 관심을 완전히 놓지는 않아야 합니다.

참석 할까 말까,
학부모 총회 / 학부모회 활동

  3월 중순이면 초등학교에서 그랬듯 중학교에서도 학부모 총회가 열리는데, 보통 수업을 마친 오후 시간을 내어 학교 강당에서 참석한 전체 학부모를 대상으로 진행됩니다. 초등 6년 동안 한 번쯤은 참석했을 테니 대략적인 느낌은 아시죠? 중학교 학부모 총회의 모습도 초등학교와 크게 다르지 않습니다. 교장, 교감 선생님의 인사 말씀, 학교 교육과정 안내, 자유 학기제 안내, 전반적인 평가 계획 안내 등이 주요 순서이지요. 초등학교 때와 달라지는 중학교 생활에 대한 안내가 이루어지지만 지루하기는 매한가지입니다.

중학교 학부모 총회, 참석해야 할까요?

부모님 두 분이 모두 바쁘다면 무리할 필요는 없지만, 첫아이가 중학교에 입학했다면 1학년의 학부모 총회는 참석해 보기를 추천합니다. 초등학교와 다른 중학교 생활, 교육과정 운영, 특히 1학년의 중점 교육과정인 자유 학기제에 관한 전반적인 설명을 들을 좋은 기회이기 때문입니다. 학부모 총회에서 안내하는 정보의 양이 많고, 참석하지 못한 학부모님께 제공하기 위한 목적으로 학부모 총회에서 배부한 모든 자료를 학교 홈페이지에 게시하는 것이 보통입니다.

부득이하게 참석하지 못했다면 그냥 지나치지 말고 학부모 총회 자료를 찾아 꼼꼼하게 읽어 보세요. 얻을 게 참 많답니다. 초등학교에서는 학부모 모임이 활성화되어 있기도 하고, 엄마들끼리 정보를 주고받을 기회가 상대적으로 많았지만 중학교는 알아서 필요한 정보를 확인하고 챙겨 두지 않으면 누가 옆에서 챙겨 주지 않습니다. 그러다 중요한 안내를 놓치거나 점수를 잃기도 하니 학부모 대상 안내 사항은 반드시 챙겨야 합니다.

학부모 총회 날, 우리 반 모임 시간

전체 학부모 총회 후, 각 교실로 흩어져 담임 선생님이 학급 운영 방향, 중학교 생활에 관한 전반적인 소개를 하는 것도 초등학교의 총회와 비슷합니다. 전체 순서가 끝나고 나면 개별적으로 담임 선생님과 간단한 상담을 할 기회가 있긴 한데, 사실 입학 초기다 보니 담임 선생님과 아이에 관해 나눌 이야기가 많지 않습니다. 더구나 중학교는 담임 선생님이라 하더라도 담당하는 과목의 수업만 하므로 이제 겨우 한 달 남짓 생활한 우리 반 학생의 수업 태도, 학업적인 부분, 교우관계 등을 파악하는 정도가 초등학교 담임 선생님보다 낮을 수밖에 없습니다. 아이 일로 담임 선생님과 꼭 상의해야 하는 일이 아니라면 굳이 총회 날 개별 상담은 추천하지 않습니다.

학부모회 활동

중학교는 초등학교보다 학부모회 활동이 저조한 편입니다. 어른의 도움 없이 할 수 있는 일이 많아진 아이들의 특성 때문이지요. 그 덕분에 부모로서는 초등학교보다 손이 덜 가는 편안함이 있습니다.

반 대표를 선정하기도 하지만 그렇지 않은 경우 반장 엄마가 그 역할을 맡는데 특별한 활동 없이 1년을 보내는 경우가 많습니다. 아이가 반장으로 선출되었다면 학기 초 상담 시간에 학급에 도움이 필요한 부분이 있지 않은지 담임 선생님한테 물어본 후 어떻게 활동할지에 대해 결정하면 무난합니다.

이렇게 물어보면 아마도 담임 선생님은 '아무것도 안 하셔도 된다'라고 할 가능성이 매우 높습니다. 실제로 요즘 중학교 반 대표 엄마의 역할은 전무한 실정입니다. 물론 몇 년 전만 해도 체육대회 등의 학교 행사가 다가오면 대표 엄마를 중심으로 한 일부 엄마들이 학급 아이들의 단체 간식을 챙기기도 했지만 최근에는 이런 식의 활동을 자제하고 금지하는 분위기입니다. 잠시 '라떼'로 돌아가 저희가 고등학생이던 시절에는 야간 자율 학습 감독을 하는 선생님들의 야식을 학부모님들이 돌아가며 준비하기도 했는데, 이제는 모두 추억이 되었습니다.

반 대표가 아닌 학교 전체의 운영에 참여하는 학부모회의 역할은 초등학교와 비슷합니다. 중학교에는 초등학교와 마찬가지로 학교운영위원회, 교복선정위원회, 교원평가위원회 등의 각종 위원회가 구성되어 있으며 모든 위원회에는 학부모 위원이 필수 인원으로 요구됩니다. 아이 학교의 운영위원으로서 활동을 원한다면 입학 초에 배부되는 학교의 안내에 따라 지원하면 됩니다. 지원자가 부족해 모든 학교가 어려움을 겪고 있으니 뜻을 가지고 지원한다면 학교로부터 환영을 받을 가능성이 높답니다.

05

학부모 상담 주간
똑똑 활용법

학교마다 차이가 있지만, 학부모 상담은 대부분 학기 초(3, 4월 중과 9, 10월 중)에 진행됩니다. 상담 신청 방법은 가정통신문의 회답으로 할 수 있지만 요즘은 나이스 학부모 서비스나 온라인 알리미 서비스를 이용하기도 하니 아이 학교에서 안내하는 방법으로 신청하면 됩니다.

초등학교 때와 가장 큰 차이는 담임 선생님이 아이에 대한 파악이 늦을 수 있다는 점입니다. 매년 3, 4월 1학기 상담 주간에는 아무리 담임 선생님이라 하더라도 담당 교과 시간에 수업하는 정도로만 반 아이들과 시간을 보내기 때문에 맡은 반 아이들의 수업 태도, 친구 관계, 학습 수준에 관한 파악이 더딜 수밖에 없습니다. 이 점을 염두에 두고 상담을 해야 실망도 덜 하고 선생님에 대한 이해도 높아 아이의 학교생활에 긍정적인 도움이 됩니다. '너희 선생님은 아직도 애들에 대해 잘 모르시더라'라는 식으로 실망스럽고 부정적인 평가를 하면 아이가 선생님과 중학 생활에 대해 부정적인 인식을 하게 될 수 있으니 참아야 합니다.

상담을 위해 굳이 바쁜 시간을 쪼개야 한다면 전화 상담도 추천합니다. 아이에 관해 당부드릴 내용, 담임 선생님이 알면 참고가 될 만한 내용을 간단히 메모해 두었다가 말씀드리면 아예 하지 않는 것보다 훨씬 좋고, 기껏 찾아갔는데 허무할 정도로 짧게 끝났다는 실망감도 덜 수 있습니다.

다양한 상담 기회 활용하기

초등학교에서는 담임 선생님하고만 상담을 했지만, 중학교에서는 담임 선생님 말고도 교과 담당 교사, 상담 교사, 진로 교사, 보건 교사 등 여러 선생님과 상담을 할 수 있습니다. 상담의 목적에 맞게 신청하는 것이 효과적입니다. 학교에서의 전반적인 생활에 관한 도움이 필요하다면 담임 선생님, 특정 과목에 대한 상담은 해당 과목의 선생님, 아이의 정서적인 면에 관한 깊이 있는 상담을 원한다면 상담 전문 교사, 신체적으로 어려움이 있다면 보건 교사와 상담하는 것이 좋습니다.

예를 들어 볼게요. 우리 아이가 유독 수학을 어려워 해서 수학 선생님께 도움을 청하고 싶은데, 담임 선생님이 마침 국어 선생님이라면 담임 상담은 아이와 부모님 모두에게 별 도움이 안 됩니다. 상담 시간 내내 서로 어색하기만 하죠. 담임 선생님께 상황을 말씀드리고 수학 선생님과의 상담 신청 방법을 문의하면 됩니다.

담임 선생님한테 상담을 신청하지 않으면 혹시 서운해하지나 않을까, 담임 선생님이 아닌 교과 선생님과 상담을 신청하면 그 선생님이 부담스러워하진 않을까 망설이지 마세요. 학부모 상담은 교사의 당연한 의무입니다. 아이의 공부와 학교생활에서 고민되는 부분을 솔직하게 털어놓고 도움을 구하는 건 현명하고 지혜로운 학부모의 기본 태도임을 기억하세요.

선생님들끼리의 우리 반 학생 정보 공유

중학교의 상담이 초등학교와 다른 또 하나의 지점, 바로 선생님들끼리의 정보 공유입니다. 상담 과정에서 어렵게 오픈한 아이에 관한 정보를 아이를 가르치는 여러 다른 선생님들과 공유하게 될 거라는 점을 염두에 두어야 합니다. 그렇다고 당황하거나 서운해하지 않았으면 합니다. 담임 선생님 한 분만 온전히 아이에 대해 파악하면 충분했던 초등학교와 달라진 점입니다. 아이의 반에서 수업하는 다른 과목의 선생님들께서 아이에 관해 파악하고 있어야 수업 시간 중에 아이가 받는 이해와 배려의 양도 커질 수 있습니다. 결국 아이를 위하는 일입니다.

중학교 선생님들은 담당 학급뿐 아니라 다른 반 수업을 하면서 알게 된 아이의 태도나 반응에 대해 선생님들끼리 많은 이야기를 나눕니다. 그래야 수업 시간에 아이에게 실수하지 않게 되거든요.

제가 근무하던 중학교에 다문화 가정의 아이가 있었어요. 부모님은 그게 혹시나 아이의 학교생활을 힘들게 할까 봐 걱정하며 아이가 다문화 가정 출신이라는 점을 담임 선생님 말고 다른 과목 선생님이나 친구들은 몰랐으면 좋겠다고 간곡히 부탁하셨어요. 담임 선생님은 그 학생과 부모님을 배려하기 위해 다른 과목 선생님들께 알리지 않았는데, 그게 오히려 아이에게 독이 되었답니다. 이 사실을 모르던 다른 과목 선생님들은 한국말이 서툴러 말수가 적을 수밖에 없었던 아이의 태도를 무례한 반항이라고 오해하셨던 거죠. 시간이 한참 지나서야 이 사실을 알게 된 다른 과목 선생님들은 아이에게 미안해했고, 이해를 도울 중요한 정보를 공유하지 않아 벌어진 상황에 여러 선생님이 안타까워했습니다.

개별 상담 요청하기

만약 아이에게 정서적·신체적으로 어려움이나 특별함, 불편함이 있어 담임 선생님이 반드시 미리 알고 있어야 한다면 3월에 되도록 빠른 일정을 잡아 개별 상담을 요청하여 진행하는 것이 좋습니다. 그렇지 않은 경우라면 4월에 실시하는 학부모 상담 주간을 활용하는 것이 가장 무난합니다.

또 아이가 예체능 계열로의 진학을 확정하였거나 전기 고등학교 입시(특목고 등)를 희망하는 경우, 친구 관계나 학업 등으로 지나친 어려움을 호소하는 상황이라면 학기 중 어느 때든 개별 상담을 요청하는 것이 좋습니다. 담임 선생님의 전화번호를 아는 경우라면 문자 메시지를 보내 일정을 잡으면 되고요. 이런 특별한 목적이 있는 상담의 경우에는 상담의 특수한 목적을 구체적으로 미리 밝힐수록 유익한 상담이 될 가능성이 높습니다. 담임 교사 입장에서는 학부모의 필요를 알고 미리 준비할 여유가 생기기 때문입니다.

어차피 아이를 위해 할 수 있는 건 다 해 보겠다는 마음이라면, 막연히 궁금해하거나 불안해하기보다는 용기를 내어 중학교 담임 선생님과의 개별 방문 상담을 추천합니다. 저 역시 1학년의 6월 즈음에 아이의 학교생활, 고등학교 진학, 수행평가 등이 궁금해 고민하다가 담임 선생님한테 개별 방문 상담을 신청한 적이 있었습니다. 궁금한 점을 간략히 적어 문자 메시지를 드렸고, 일정을 협의한 후에 학교의 상담실에서 만나 뵈었습니다. 담임 선생님은 이런 식의 상담은 결코 유별난 게 아니며, 아이의 학교생활과 진로 결정을 위해 궁금한 게 있다면 언제든 또 상담을 신청하라며 정성스럽고 유익한 상담을 해 주었습니다.

여유롭고 자유로운
학부모 공개 수업

중학교에서도 학부모 공개 수업을 합니다. 학사 일정에 공개 수업일을 별도로 정하여 운영하기도 하고, 학부모 총회나 상담 주간처럼 부모님이 학교에 방문하는 날 수업을 공개하기도 합니다. 초등학교는 아이의 교실 뒤쪽에 서서 40분 수업을 온전히 지켜보는 것이 보통입니다. 때로는 부모님이 수업에 함께 참여하기도 하고 학부모를 염두에 둔 특별한 수업 중 활동을 계획하고 아이들과 함께 준비했지만 중학교는 좀 다릅니다.

중학교의 공개 수업 분위기

중학교는 평소 수업의 모습을 그대로 공개하는 분위기입니다.

과목마다 시간표가 정해져 있고, 수업 시수가 다르기 때문에 공개 수업이라고 해서 특별한 단원이나 주제를 정할 수도 없습니다. 학부모님이 보기는 하지만 평소처럼 교과서 진도를 나가는 모습이 전부인 경우가 대부분입니다. 공개한 시간에 아이 교실에 가서 수업을 보긴 하지만 그 시간이 담임 선생님의 수업이 아닌 경우가 더 많습니다.

수업을 공개하는 날은 자연스러운 수업 참관을 위해 모든 학년의 모든 교실의 뒷문을 열어 둡니다. 그래서 아이의 수업 모습을 볼 수도 있고, 다른 반에서 수업하는 아이 담임 선생님의 수업을 볼 수도 있으며, 평소 부모님과 아이가 관심을 가졌던 과목의 수업을 참관해 볼 수도 있습니다. 그래서 45분 내내 한 교실에서 수업을 참관하는 부모님은 거의 없습니다.

중학교 공개 수업, 꼭 가야 할까요?

학교의 분위기, 학년에 따라 부모님의 참석 정도가 다르긴 하지만, 대체적으로는 1학년 부모님의 참석률이 가장 높은 편이고 학년이 올라갈수록 참석률이 떨어집니다. 중학생이 된 아이는 부모님이 학교에 와서 자신의 모습을 보는 것을 쑥스럽다고 느끼기 때문에 참석 여부를 묻는 가정통신문을 아예 부모님께 전달하지 않는 아이도 있고, 가겠다는 부모님을 말리는 아이도 많습니다. 커 가는 과정에서 흔히 있을 수 있는 일이니 서운하게 생각하지 마세요. 반대로 생각해 보자면, 참석하지 못하는 상황에서 아이에게 미안해할 필요가 없으니 그 점은 좋습니다. 초등학교 학부모 공개 수업에는 대부분 부모님이 참석하는 분위기이기 때문에 못 가는 부모는 내내 미안함에 시달리지요. 중학교는 참석률이 초등만큼 높지 않기 때문에 참석하지 못한다고 해서 미안해할 일은 거의 없답니다.

중학교 공개 수업, 이렇게 활용하세요

중학교의 공개 수업은 내 아이의 수업 태도, 교실 생활 모습을 확인하는 기회인 동시에, 변화하는 수업과 교육과정을 관찰해 볼 좋은 기회이기도 합니다. 부모 세대에는 없었던 과목이지만 교육과정의 개정으로 새로 배우는 과목도 있고, 같은 과목이라 하더라도 요즘 교과서의 내용, 수업 방식이 이전과는 확연히 달라졌음을 지켜볼 기회입니다.

또 이왕 공개 수업 참관을 위해 시간을 냈다면 여유를 가지고 특별실, 교과실에서 진행되는 다양한 수업을 잠시 들여다보는 것도 아이를 이해하는 데에 도움이 된답니다. 그 수업 교실에 내 아이가 있고 없고는 크게 중요하지 않으며 중학교 생활에 대한 전반적인 이해도를 높이는 간단하지만 훌륭한 방법이 될 수 있거든요.

집에 돌아온 아이가 학교에서 있었던 일을 이야기할 때, "아, 그 교실에서 수업했다는 거구나." 또는 "맞아, 그 선생님 수업 재미있어 보이더라."라고 맞장구 정도는 쳐 줄 수 있게 된다는 의미죠.

중학생이 된 아이가 부모에게 학교에서 있었던 이런저런 일을 털어놓는다면 그 기회를 놓치지 마세요. 아직은 아이가 부모에게 마음을 열고 있다는 의미이며 앞으로도 대화를 지속할 가능성이 높다는 증거이기 때문이에요. 치열하고 예민하게 입시를 준비하는 고등학교 시기를 대비하는 게 가장 현명한 방법이라는 생각 때문에 관심 없는 주제를 꺼내는 아이가 때로는 답답하게 생각될 수 있지만 아이의 말에 적절히 반응해 주세요. 이보다 확실한 투자가 없습니다.

07

교내 대회 / 현장 체험 학습

교내 대회

초등학교에서와 마찬가지로 중학교에서도 각종 교내 대회가 열립니다. 물론 그 수준과 종목이 다양해지면서 본격적인 중학 생활이 시작되었음을 실감케 되지요. 중학교부터는 내신 성적이 기록되기 때문에 교내 대회에서의 수상 실적이 성적에 도움이 되는지가 관건이며 이에 따라 대회 참여율이 현저히 달라지는 양상을 보입니다.

2024학년도 경기도교육지원청의 고등학교 입학전형을 살펴보면 한 학기당 1개의 상에 0.5점의 가산점을 부과하고 있고 3년 동안 최대 3점을 받을 수 있습니다. 지역 교육청마다 크고 작은 차이가 있으니 해당 지역의 규정을 확인해야 합니다. 구체적인 교내 대회 운영과 시상 계획에 관한 학교별 규정은 학교 홈페이지에서 확인할 수 있으니 미리 확인하고 준비하면 당연히 도움이 되겠지요.

교내 대회가 어떤 종목으로 어떻게 운영되는지 들여다보겠습니다. 학교마다 차이가 있지만 과학 탐구 보고서 대회, 과학 글쓰기 대회, 진로 관련 꿈 발표 대회, 과학 토론 대회 등은 요즘 대부분의 학교에서 하는 대표적인 대회입니다. 또, 정보기술과 관련된 디자인과 아이디어 대회나 국어 백일장처럼 학교마다 특색 있는 과목, 분야의 대회가 열리고 있습니다.

아이의 의지로 이런 교내 대회에 참가하기로 하고 준비를 하다 보면 부모님과 학원 선생님이 어느 정도까지 도와주고 함께 준비해 주어야 하는가 하는 고민이 생기게 마련입니다. 각자 견해가 다를 수 있지만 조심스럽게 저희의 의견을 밝히자면, 1학년 때의 수상 실적이 고등학교 입시에 영향을 미치는 것은 사실이지만 오직 수상만을 목적으로 하지는 않았으면 좋겠다는 것입니다. 실력의 높고 낮음보다 중요한 건 대회에 참가하여 준비하고 경쟁하고 결과를 얻는 과정 자체입니다. 1학년 때의 시도가 2, 3학년 때의 도전에 큰 도움이 되기 때문입니다. 이런 시도와 태도는 고등학생이 되어서도 유지될 확률이 매우 높습니다. 아이의 대회인지 부모의 대회인지 학원 선생님의 대회인지 구분하기 어려울 만큼 부모,

학원 선생님 등 어른들이 열정적으로 개입하여 결국 상을 타내기도 합니다. 목표한 바를 이루었다는 점에서는 의미가 있겠지요. 하지만 아이의 바른 성장을 위해서 아이의 의지와 노력으로 과정을 경험하도록 길잡이가 되어 주는 것도 충분한 의미가 있습니다.

또 교내 대회에 참가하지 않아도 모범상, 봉사상, 선행상처럼 학급별로 대상자를 선정해 시상하는 상도 있으니 평소 모범적이고 적극적인 태도로 학교생활을 하도록 도와주세요.

현장 체험 학습

초등학교 때처럼 중학교에서도 수학여행, 수련회, 소풍 등의 교외 활동을 '현장 체험 학습'이라고 부릅니다. 전국 대부분의 학교가 야외 활동을 하기 좋은 봄과 가을에 진행하는 편입니다. 중학교 2학년은 학년 전체가 대형 버스를 타고 다른 지역에 가서 여러 가지를 체험하고, 숙박하고 오는 것이 보통이었습니다. 하지만 세월호 참사와 코로나19 상황으로 인해 기존의 현장 체험 학습은 현저히 축소되어 학급별로 계획하고 이동하여 당일 체험을 하는 것으로 대체하는 추세입니다.

1학년의 체험 학습은 진로와 관련 있는 활동이 주를 이룹니다. 중학교 1학년은 다양한 경험을 하고 직업을 탐구하는 목적의 자유 학기제로 운영되기 때문에 진로에 초점을 맞춘 활동이 많을 수밖에 없습니다. 학교 안에서 할 수 없거나 경험할 수 없었던 종류의 체험을 할 수 있는 곳으로 주로 가지요. 학교가 소속된 지역에서 최대한 가까운 거리이면서도 교과, 진로, 인성, 문화 등과 연계한 체험이 가능한 장소를 선정하는 것이 보통입니다. 서울의 경우, 대표적인 중학교 1학년 현장 체험 학습으로는 창경궁, 식물원, 항공원, 역사박물관, 월드컵경기장, 방송국, 발전소 등의 견학이 있습니다. 또한 대학로 연극, 드로잉 쇼 등의 관람과 염전, 물레, 도자기 만들기 등의 체험도 있습니다.

이때 같은 학교의 같은 학년이라 하더라도 학급별로 가는 장소가 다르므로 초등학교 때처럼 대형 버스를 대절하지 않고 보통 대중교통을 이용하여 개별적으로 모였다가 헤어집니다. 만약, 대중교통이 불편한 곳으로 간다면, 보통 학교에서 버스를 미리 대절합니다.

체험 학습일이 다가오면 여러 번 반복하여 자세한 교통편과 집합 장소를 안내하지만 버스를 잘못 타거나 길을 잃는 친구들은 항상 있습니다. 체험 학습을 앞두고 있다면 부모님이 미리 장소를 확인해 두어 아이가 늦지 않고 안전하게 목적지에 도착할 수 있도록 도와주세요. 부모님이 직접 안전하게 데려다주는 경우도 있지만 중학생이 되었으니 친구들과 대중교통을 이용하는 법을 경험해 보게 하는 것이 훨씬 유익합니다. 아이들이 혼자 집을 나서면서 맞게 되는 모든 환경과 상황이 배움이니까요.

혼자 할 수 있을 것 같으면서도 혼자 하게 두기엔 불안해 보이는 중학생 아이를 키우다 보면 고민의 연속인데요. '해 줄 수는 있지만 혼자 하도록 기회를 주겠다.'라는 기준을 잡고 아이의 시도를 응원하고 격려하는 게 좋습니다.

3월 2일 금요일.
덜덜덜, 입학식 첫날

중학생
일기장

　초등학교에 입학했을 땐 내가 6학년이 되는 날이 언젠간 올 거라는 사실이 실감이 나지 않았다. 몸집이 아빠만 한 6학년 형들을 보면서 저 형들은 공부하느라 얼마나 힘들까 하는 생각도 했었다. 그런데 나는 너무나 금방 6학년이 되어 있었고, 내 몸집이 그렇게까지 대단하게 거대하지 않을 뿐만 아니라 공부라는 것이 도저히 못 할 정도로 어렵지는 않다는 걸 알게 되었다. 5년 전의 나와 6학년 때의 나를 비교해 보니 신기했다. 어른들이 말씀하시는 '세월 참 빠르다.'라는 말의 의미도 아주 조금이지만 알 것 같았다. 6학년은 생각보다 별게 아니었다.

　그런데 이번에는 중학교라니. 너무 긴장되고 무서웠다. 입학하기 일주일 전, 본격적인 걱정이 시작되었다. 초등학교를 졸업하고 새로운 동네로 이사를 온 터라 아는 친구도 한 명 없어서 외톨이로 지내면 어떡하지, 하는 생각으로 입학 전 일주일을 고통 속에 걱정만 하며 보냈다. 영화에서 보면 중학생들이 교복을 입고 교실 안에서 막 싸우고 그러던데, 나도 싸움 연습을 해야 하나, 하는 생각도 들었다. 또, 중학교 땐 공부 엄청 열심히 해야지, 하는 다짐도 하며 일주일이

흘렀다.

드디어 입학식 날. 학교를 향해 천천히 걸어가면서 보니 아이들이 삼삼오오 몰려가고 있었다. 너무나도 부러웠다. 이제껏 친구가 그렇게 간절했던 적이 없었다. 교문으로 들어가서 짧은 오르막길을 올라갔더니 1학년 신입생들이 반별로 줄을 서서 웅성거리고 있었고, 담당 선생님과 어떤 남선생님이 나에 관한 대화를 나누시는데 어떻게 해야 할지 몰라서 그냥 뻘쭘하게 서 있었다. 1학년 6반이란다. 6반을 찾아 줄의 맨 끝에 섰다.

우리 반 아이들의 첫인상은 험악했다. 용기를 내어 앞에 있는 아이에게 말을 걸었다.

"너, 어느 초등학교 나왔어?"

"난 ○○초."

아직 변성기가 오지 않은 목소리였다.

"그래? 나는 전학 왔거든."

"아, 그래?"

"응."

어색해서 미칠 것 같았다. 내가 아는 모든 주제를 떠올리며 그 아이에게 말을 걸다가 1학년 6반 교실로 이동했다. 교실은 초등학교의 교실 분위기와는 확 달랐다. 좀 더 차가운 느낌이랄까. 담임 선생님은 여러 주의 사항과 벌점과 상점 등에 관해 설명해 주셨다.

그렇게 설명을 듣고 수업은 끝났고, 거의 뛰쳐나오다시피 뒤도 돌아보지 않고 학교를 탈출했다. 집에 도착하여 숨을 돌리고 다시 생각해 보니 사실 오늘 일은 그렇게까지 무서운 건 아니었다. 내가 왜 그렇게까지 긴장을 했었는지 생각하며 쿡쿡 혼자 웃었다.

CHAPTER 2

．
．
．

중학교 생활, 이렇게 달라져요

．
．
．

중학생이 되면 학교에 머무는 시간이 길어지고, 과목의 수와
학습량도 많아집니다. 만나는 선생님도 초등학교 때와는
비교할 수 없이 많아지니 입학 후 한동안은 하루하루가 정신없이
지나가 버리곤 해요. 그래서 중학교에 입학한 아이에게 3월 한 달은
심리적으로나 체력적으로 힘든 시기일 수 있습니다.
'남들 다 하는데 우리 아이만 유별나게 적응 못 하는 건가.'라고
생각하지 말고, 어떤 점이 달라져서 힘들고 피곤한지
살펴봐 주세요.
또, 시간의 힘을 믿으세요. 언제 적응하고 본격적으로 속도 내어
공부하려는 걸까, 조바심이 들겠지만 아이는 자기만의 속도로 낯선
환경에 적응하고 편안해질 거니까요.

기억하세요, 부모가 재촉한다고 아이가 부모의 바람에 맞춰
더 빠르고 깔끔하게 해내는 건 아니라는 사실을요.

이번 장에서는 중학교 3년 동안의 과목별 평가 유형과
성적 산정에 관한 알짜 정보를 쏙쏙 뽑아 알려 드리려 합니다.
긴장 풀고, 상큼하게 출발하시죠!

기본과 선택으로 나뉘는
교과목 / 교과서

목사이자 작가인 로버트 폴검Robert Fulghum은 "내가 정말 알아야 할 것은 모두 유치원에서 배웠다."All I really need to know I learned in kindergarten. 라는 유명한 말을 남겼습니다. 공동체에서 지켜야 하는 질서, 규칙, 약속은 물론이고, 상대방을 대하는 예의와 배려 등 사회 구성원으로서 지켜야 할 가장 기본적이고 중요한 것을 유치원에서 가르치기 때문에 이런 말을 한 것 같아요.

그의 말을 "중학생이 정말 알아야 할 교과의 모든 개념은 초등학교에서 배운다."라고 바꾸어 보고 싶습니다. 중학교에서 공부하는 모든 과목의 기초와 기본은 초등학교에서 배운 내용이라는 말이죠. 중학교는 완전히 생소하고 낯선 것을 새롭게 배우는 곳이 아닙니다. 초등학교에서 배우지 않은 전혀 새로운 과목도 거의 없어요. 초등학교의 모든 과목과 내용이 중학교로 자연스럽게 이어집니다. 물론, 중학교의 과목과 내용이 고등학교로 연결되는 것도 당연하고요. 중학교 교과서를 잠시만 살펴보면, 초등학교 때 배운 개념이 조금 더 깊이 있게, 넓게 다루어지고 있음을 쉽게 알 수 있습니다.

중학교에서는 어떤 과목을 필수 또는 선택으로 배우는지 살펴보겠습니다.

중학교 기본 과목

중학교 교과목은 기본 과목과 선택 과목으로 나누어지며 기본 과목은 국어, 사회, 수학, 과학/기술·가정/정보, 체육, 예술, 영어 일곱 개의 군으로 구분됩니다. 기본 과목은 학년별로 대동소이하며 전체 과목의 수는 12, 13개 정도입니다.

중학교의 교과서는 국정이 아닌 검인정이기 때문에 과목마다 출판사의 종류도 다양하고, 선택 과목에 따라 학년별로 교과목의 차이가 있습니다. 아이의 학교에서 사용하는 교과서의 출판사 정보와 학년별 교육과정에 대한 정보는 각 학교 홈페이지에서 알 수 있으니 미리 확인하여 문제집 구매나 선택 과목 선정 등에 참고하면 됩니다.

중학교 기본 교과목 현황

교과군	과목
국어	국어
사회	사회
	역사
	도덕
수학	수학
과학/기술·가정/정보	과학
	기술·가정
	정보
체육	체육
예술	음악
	미술
영어	영어

중학교 기본 과목과 선택 과목

기본 과목	선택 과목
국어, 사회, 역사, 도덕, 수학, 과학, 기술·가정, 정보, 체육, 음악, 미술, 영어	생활 외국어(독일어, 프랑스어, 스페인어, 중국어, 일본어, 러시아어, 아랍어, 베트남어), 한문, 보건, 진로와 직업, 환경

중학교는 초등학교처럼 일제히 같은 과목을 배우지 않아요. 학교마다 선택 과목이 다른데, 2가지 정도의 과목을 선택하는 경우

가 일반적입니다. 대표적인 중학교 선택 과목으로는 생활 외국어(독일어, 프랑스어, 스페인어, 중국어, 일본어, 러시아어, 아랍어, 베트남어), 한문, 보건, 진로와 직업, 환경이 있습니다. 학교에 따라 차이는 있지만 주로 한문과 제2 외국어를 선택하는 편입니다. 전국적인 통계는 없지만 대체로 제2 외국어 중에서도 중국어와 일본어에 대한 선호도가 높은 편입니다.

제2 외국어는 교과목 이름부터가 '생활 외국어'이기 때문에 수준이 그다지 높지 않은 편입니다. 언어 교과이지만 교과서 본문은 해당 언어가 속한 사회, 국가의 문화에 대해 전반적으로 익히는 것으로 시작하여 기본적인 문자와 표현을 익힌 후, 암기하는 방식으로 학습하게 됩니다.

선택 과목을 시행하는 학년은 학교마다 다릅니다. 어떤 학교는 2학년에 일어, 3학년에 한자를 선택 과목으로 선정하고, 어떤 학교는 1학년 때부터 제2 외국어를 배정하기도 합니다. 그래서 입학 전에 미리 선택 과목의 시험을 준비하는 것은 현실적으로 어렵습니다. 학교 홈페이지에 최근 몇 년간의 기출문제를 공유해 두는 학교가 많습니다. 중학생 아이들은 해야 할 것이 너무 많아 학교에서 배우는 모든 과목을 완벽하게 대비할 수 없습니다. 선택 과목은 수업 시간에 집중하여 듣고 복습하면서 기출문제를 통해 어느 정도 수준의 점수를 받을 수 있으니 완벽하게 준비하느라

고생하지 않는 것도 전략입니다. 중학생인 아이에게 선택 과목보다 훨씬 중요한 건 국어, 영어, 수학이라는 건 우리 모두 잘 알고 있습니다.

늘어난 선생님 / 달라진 교무실

나의 중학교 시절 선생님을 기억하나요? 아이가 중학교에 가니 가장 좋은 건, 서로의 중학교 선생님에 관한 이야기를 나누며 웃을 일이 많아졌다는 점입니다. 초등학교 담임 선생님보다 개성 넘치는 과목 선생님들에 관한 에피소드는 이야기를 해도 해도 끝이 없습니다.

중학교 선생님은 어떤 분이신지, 어떻게 도움을 받을 수 있는지를 하나씩 이야기해 볼게요.

중학교 선생님은 어떤 분이실까?

중·고등학교 선생님은 모두 '중등학교 2급 또는 1급 정교사' 자격증을 가지고 있습니다. 중학교, 고등학교 선생님을 따로 분리하여 뽑는 것이 아니라 임용시험을 통과한 이후 중학교 혹은 고등학교에 발령을 받습니다. 국·공립학교의 경우 보통 한 학교에 4, 5년 정도 근무하는데 정기 인사 발령을 통해 중학교와 고등학교를 구분 없이 오가게 됩니다.

중·고등학교 교사(통칭하여 중등 교사)가 되는 방법에는 세 가지가 있습니다.

먼저, 일반 대학교 내 사범대학이나 교원전문학교인 '한국교원대학교'를 졸업하는 것입니다. 4년제 종합대학교 사범대학 내에는 '국어교육과', '수학교육과'와 같은 '교육'이라는 이름이 붙은 학과가 있습니다. 사범대학에서는 전공과 교육 관련 과목을 4년 동안 배우고, 졸업 학년인 4학년 때 한 달간 교생 실습을 한 후 교직 이수 자격증을 받게 됩니다.

두 번째로, 일반 학과에서 교직을 이수하는 방법입니다. '국문과', '수학과'처럼 종합대학의 일반학과 학생 중에서 학점이 높은 순서에 따라 일정한 비율의 학생들만 교직 이수 과목을 수강할 기회를 얻습니다. 자신의 전공과 교직 과목을 함께 이수하면 사범대학 학생들과 마찬가지로 한 달간 교생 실습을 마치고 자격증을 취득하게 되지요.

마지막으로, 4년제 대학 졸업 후 교육대학원에 입학하여 공부하는 경우입니다. 대학 때 전공과 같은 과목으로 대학원에 입학한 후 해당 과목 관련 교육학을 2년 동안 배우며, 마지막 학기에 교생 실습을 마친 후 2급 정교사 자격증을 받습니다. 자격증에는 전공과목이 표시되는데, 표시된 과목의 중등교사 임용시험에 응시 자격을 얻습니다.

앞의 세 가지 방법 중 한 가지를 통해 응시 자격을 얻어 한국교육과정개발원에서 주관하는 중등교사 임용시험을 통과하면 국·공립학교 교사가 됩니다. 또, 사립학교 재단에서 별도로 운영하는 선별 절차를 통과하면 사립학교 중등교사가 될 수 있습니다. 정교사의 휴직, 파견 등으로 인해 별도로 채용되는 기간제 선생님들 역시 중등학교 2급 정교사 자격을 소지하고 있습니다.

중학교 우리 반 담임 선생님

"선생님, 진짜 오랜만에 보는 것 같아요."

7교시 수업을 마치고 종례를 하러 교실에 들어가면 종종 이런 이야기를 하는 아이가 있습니다. 초등학교 때는 여러 가지 과목을 거의 매시간 담임 선생님과 수업하던 아이들이 중학생이 되어서는 조회와 오후 종례 때만 담임 선생님 얼굴을 볼 수 있으니 자주 못 본다고 느끼는 게 당연합니다.

"초등학교 때는 안 그랬는데 중학교에 입학하고 나서는 많은 선생님이 우리 아이를 싫어한다.", "담임 선생님이 우리 아이를 싫어하니 다른 선생님들도 편견을 가지고 우리 아이를 대한다."라고 서운함을 표현하는 부모님을 만날 때가 있습니다. 아이가 학교에서 지적을 받고 돌아와 위축되고 학교에 가기 싫다고 하면 교사에 대한 원망이 생길 수 있지요.

이런 어려움을 막기 위해 먼저 중학교 교실의 상황을 살펴볼게요. 대부분 중학교 담임 선생님은 자기 반 수업에 들어가는 선생님들께 "우리 반 잘 부탁드립니다."라는 부탁을 합니다. 우리 반에 유독 수업을 방해하며 힘들게 하는 아이가 있다면 과목 선생님들께 "죄송합니다. 아이가 착한데 아직 집중력이 부족한 편이에요." 혹은 "수고 많으시죠? 우리 반 ○○이 잘 살펴봐 주시고, 수업 시간에 무슨 일 있으면 저에게 알려 주세요."라고 특별히 부탁하는 것도 흔한 일입니다. 또, 우리 반 아이가 다른 과목 선생님의 수업 시간에 말썽을 부렸다는 사실을 알게 되면 담당 선생님을 찾아가 사과하는 일도 담임 선생님의 몫입니다. 마치 내 아이를 학교에 맡기는 부모님처럼 말이죠.

아이가 학교의 선생님과 관계가 좋지 않다면 학교생활이 힘들어지는 건 당연한 일이에요. 중학교 아이에게는 담임 선생님뿐 아니라 교과 선생님과의 관계도 중요합니다. 만약 아이가 중학교 생활을 힘들어한다면 생각지 못한 요인이 있을 수 있으니 담임 선생님한테 털어놓고 상담을 해 보세요. 혹시나 꼬여 있던 교과 선생님과의 관계가 담임 선생님의 도움으로 부드럽게 해결될 수도 있기 때문이에요.

담임 선생님은 어디에?

초등학교와 또 다른 큰 차이는 교실 안에 담임 선생님의 책상이 없다는 점입니다. 초등학교에서는 등교하여 교실에 들어서면 담임 선생님이 교실 앞쪽에서 아이들을 맞이합니다. 쉬는 시간에도, 점심시간에도 담임 선생님은 교실에 함께 머물면서 아이들을 살피지요. 중학교와 가장 큰 차이점이죠. 중학교 교실에는 담임 선생님을 위한 공간이 없습니다. 교실 앞에는 수업을 위한 높은 교탁만 있을 뿐이죠.

모든 중학교 선생님에게 교실은 오직 수업을 위해 잠시 머무는 곳이고 수업 준비와 업무를 하는 곳은 교무실의 책상입니다. 한 교실에서 수업이 끝난 선생님은 노트북과 교과서를 챙겨 교무실로 돌아가거나 다음 수업이 있는 교실로 이동하는 것이 보통이지요.

그러니까 쉬는 시간에는 온전히 학생들만 있게 됩니다. 선생님이 없으니 마음껏 자유로운 시간을 보낼 수 있지만 선생님의 지시 없이 알아서 다음 수업을 준비해야 하는 시간이기도 합니다.

이런 자유로운 분위기에서 싸움, 욕설, 괴롭힘 등이 발생하기도 하므로 아이가 학교폭력의 피해 혹은 가해가 의심되는 상황을 언급했다면 되도록 자세하게 파악해 봐야 합니다.

중학교 교과 선생님

초등학교는 새 학년의 첫날이 되면 담임 선생님이 수업과 교실 생활에 관한 전반적인 오리엔테이션을 진행하는 것으로 모든 안내가 끝납니다. 한편 중학교는 새 학기 일주일 동안 교과 선생님들이 각자 자신의 수업에 관한 오리엔테이션을 하지요. 일주일간 여러 과목의 오리엔테이션이 과목별로 진행된다니 생각만 해도 정신이 없겠죠? 따로 알림장을 적지 않기 때문에 교과 선생님의 수업 안내를 잘 듣고 중요한 내용을 따로 기록하는 기특한 아이들도 가끔 눈에 띕니다. 작은 수첩을 가지고 다니면서 과제, 평가 계획 등을 메모하는 습관이 학교생활에 큰 도움이 되는 건 말할 필요가 없습니다.

교과 선생님의 성함, 평소 머무는 교무실, 주로 수업하는 특별실의 위치를 반드시 기억해야 합니다. 한 아이가 교무실 문을 불쑥 열고 큰 소리로 "영어 선생님, 어디 계세요?" 하면 적어도 세 명 이상의 영어 선생님이 나를 찾는 건가, 하며 일어나실 수도 있습니다. 이럴 땐 "저는 1학년 6반인데요, 저희 반 영어 가르쳐 주시는 ○○○ 선생님이 여기에 계신가요?"라고 정확하게 여쭤봐야 합니다.

더구나 학년 초에는 담임 선생님조차도 우리 반에 들어오는 선생님이 과목별로 누구인지, 그 선생님이 어느 교무실에 있는지 정확히 모를 수도 있습니다. 그래서 수업 첫날 알려 주는 교과목과 선생님의 성함을 해당 교과서의 안쪽에 적어 두고 기억하면 훨씬 편리합니다.

중학교 교무실 활용법

초등학교에서 교무실은 교감 선생님과 학교 행정을 도와주는 실무자들이 머무는 곳이지만, 중학교의 교무실은 선생님들이 수업 준비와 교재 연구를 하는 공간인 동시에 찾아온 학생과 상담하고 생활지도를 하는 곳이기도 합니다. 그러다 보니 학생들이 교무실을 찾을 일도 초등학교 때보다 많아집니다. 교과서 내용에 질문이 있는 아이들이 해당 과목 선생님을 직접 찾아가기도 하고, 상담이나 지도를 위해 선생님이 학생을 부르는 경우도 많습니다. 그래서 정기 고사를 출제하는 기간을 제외하고는 학생들의 교무실 출입이 대체로 자유로운 편입니다.

초등학교에서는 담임 선생님이 거의 모든 과목을 가르치고, 대부분 시간 동안 교실에 함께 머물기 때문에 궁금한 점이나 모르는 것이 있으면 수시로 물어볼 수 있습니다. 하지만, 중학교에서는 수업 시간마다 다른 교과목 선생님이 들어오고, 모든 과목의 수업을 매일 하지 않기 때문에 모르는 내용이 생겨도 따로 질문하기가 쉽지 않습니다. 수업 시간 중이나 수업이 끝난 직후에 바로 여쭤 보고 해결하는 것이 최선입니다. 그러지 못했다면 교무실로 찾아가야 하므로 선생님이 있는 교무실과 교무실 내의 위치를 알아 둘 필요가 있습니다.

이 글을 쓰다가 문득, 제 아이가 열심히 공부하다가 모르는 게 생겨 쉬는 시간에 교과서를 들고 교무실로 선생님을 찾아가 질문을 한다면 얼마나 멋질까 하는 생각을 잠시 했습니다만, 아쉽게도 제 아이는 그런 아이가 아닌 듯합니다.

아이 스스로 해결하는 중학교 시스템

초등학교에서는 담임 선생님이 반 아이들의 생활과 학습을 거의 파악하고 있기 때문에 하나씩 일부러 요청하지 않아도 담임 선생님의 관심 여부에 따라서 아이의 필요를 어느 정도는 챙겨 줄 수 있지만 중학교는 다릅니다. 중학교 담임 선생님은 자기 반 아이들만 지도하는 게 아니기 때문에 아이에 대한 정보가 충분하지 않습니다. 따라서 도움이 필요하다면 아이가 먼저 담임 선생님한테 상황을 말씀드리고 도움을 구해야 합니다.

예를 들어, 사정이 있어 보건실에 가느라 수업에 늦었거나, 건강 상태나 좋지 않아 수업 참여가 어렵다면 아이가 직접 해당 교과 선생님께 말씀을 드리고 양해를 구해야 합니다. 10개가 넘는 과목의 성적도 해당 과목의 선생님께 직접 확인합니다. 만약 자신이 예상했던 성적과 다르거나 잘못 나왔다면 담임 선생님이 아닌 해당 과목 선생님께 직접 말씀드려 해결해야 합니다.

사실 중학생이라고는 하지만, 1학년 학생은 아직 이런 시스템에 익숙하지 않을 겁니다. 자기 의견을 또박또박 예의 바르게 이야기하는 게 어려워 그냥 넘어가는 경우도 종종 있습니다. 평소에 바른 자세로 명확하게 자기 의사를 전달하는 것을 가정에서부터 꾸준히 훈련해야 합니다.

혹시 아이가 의견이나 상황을 제대로 전달하지 못해서 놓치는 부분이 생겼음을 확인했다면 아이에게는 담당 선생님께 직접 말씀드려 보라고 한 후에 따로 담임 선생님, 담당 과목 선생님께 귀띔하는 것도 지혜로운 방법입니다. 중요한 일이니 확인해야 한다고 몇 번씩 이야기해도 귀찮아서 혹은 잊어버려서 이야기하지 않고 그냥 넘어가는 경우가 정말 많은데요. 서류를 제출하거나 성적을 확인하는 것과 같은 중요한 일을 아이에게만 맡겨 두기보다는 티 나지 않게 함께 챙기는 방식을 추천해 드립니다. 언제까지 알아서 해결하지 못하고 부모의 손길이 필요한 거냐고 물으신다면,

부모가 눈 감기 전까지라는 답을 드릴 수밖에요. 먼 하늘을 바라보며 한숨을 쉬어야 할 것 같습니다.

늘어난 수업 시간 /
바뀌는 수업 교실

달라진 학교, 그에 따라 달라지는 수업 시간과 수업 교실도 살펴볼게요.

중학교의 수업 시간

초등학교의 수업 시간은 40분입니다. 중학교는 5분이 늘어난 45분이고, 고등학교는 또 5분이 연장됩니다. 사실 5분이라는 시간은 훌쩍 지나가는 얼마 안 되는 시간일 수 있지만 중학생 아이의 하루를 놓고 보면 결코 작은 차이가 아닙니다. 중학교는 매일 6교시 넘게 수업을 하므로 하루 전체로 보면 수업 시간이 30분 이상 늘어나는 거거든요.

학교급별 수업 시간

학교급	수업 시간
초등학교	40분
중학교	45분
고등학교	50분

이제 막 초등학교를 졸업한 1학년 학생들에게 30분 이상 늘어난 학교 수업은 결코 짧게 느껴지지 않습니다. 초등학교의 40분 수업도 길고 지루하게 느껴져 집중하기 어려운 아이였다면 중학교의 늘어난 수업 시간은 더욱 고역일 거고요. 선생님의 지시 없이도 정해진 시간에 교실에 들어와 교과서를 준비하고 자기 자리에 앉아 45분 집중해서 수업을 듣고 쉬는 10분 동안 스스로 다음 수업을 준비하는 반복된 행동은 얼핏 사소해 보이지만 중학교 생활 전체를 좌우하는 중요한 연습이고 훈련입니다.

수업 시간이 길어지는 것뿐만이 아니라, 수업의 밀도도 높아집니다. 한마디로 수업이 훨씬 빡빡해지고 교과서 내용이 어려워지고 진도가 쭉쭉 나가 공부할 분량이 훨씬 많아집니다. 초등학교는 담임 선생님이 거의 모든 과목을 가르치기 때문에 학급의 상황과 교육 과정상의 행사를 고려하여 학습량을 조절하고, 하루 전체의 숙제를 과목별로 조절하는 것이 가능했습니다. 담임 선생님이 반 아이들과 특별히 계획하는 프로젝트가 있다면 여러 과목을 통합한 교육과정으로 재구성하기도 하고 말이에요. 무엇보다 초등학교에서는 담임 선생님의 수업 스타일에 적응을 마치면 이후 학교생활은 수월한 편입니다.

하지만 중학교는 과목마다 선생님이 다르고, 수업 방식도 선생님에 따라 다 다르기 때문에 아이들이 선생님들의 스타일에 적응하기까지 훨씬 오랜 시간이 걸리는 편입니다. 또 하루에도 서너 과목의 과제와 수행평가가 진행되다 보니 초등학교보다 학습량도 월등히 많아집니다. 수업 시간은 겨우 5분 늘어났지만 그 시간 동안 배우는 내용이 많아서 배운 내용을 그때그때 집중하여 소화하고 복습하지 않으면 누적된 결손으로 인해 공부가 힘들어질 수밖에 없습니다.

중요한 건 수업 시간에 집중하는 태도입니다. 수업 시간을 설렁설렁 보내다가 나중에 학원 수업으로 보충하고 문제집 풀이로 시간을 보내는 것은 많은 시간을 들여 열심히 공부하지만 시간 대비 효율이 매우 낮은 방식입니다. 공부를 잘하려고 하는 아이라면, 열심히 하는 것에 비해 성적이 나오지 않는 아이라면, 수업 시간의 집중 정도와 참여 태도를 점검해 바로잡는 것이 훨씬 더 효과적일 수 있습니다.

초등학교와 중학교 일과표 비교

시간	초등학교		중학교	
조회	08:40 – 09:00		08:30 – 09:00	담임 교사
1교시	09:00 – 09:40		09:00 – 09:45	
2교시	09:50 – 10:30		09:55 – 10:40	
3교시	10:40 – 11:20	담임 교사	10:50 – 11:35	
4교시	11:30 – 12:10		11:45 – 12:30	교과 교사
5교시	12:50 – 13:30		13:20 – 14:05	
6교시	13:40 – 14:20		14:15 – 15:00	
7교시	없음		15:10 – 15:55	
종례	없음		15:55 – 16:10	담임 교사

* 위 시간표는 예시이며 학교마다 다를 수 있습니다.

수업 교실

중학교의 거의 모든 수업은 자기 반 교실에서 이뤄지지만, 음악, 미술, 과학, 기술, 체육 등의 수업은 특별실, 강당, 운동장에서 하는 경우도 있습니다. 신축 학교는 교과별로 특화된 교실이 마련된 경우도 많아서 국어, 영어, 수학과 같은 일반 교과도 특별 교실에서 진행하기도 합니다.

물론 평소에는 교실에서 수업하던 과목도 그날 배우는 내용에 따라 실시간 검색이 가능한 컴퓨터실이나 정보실에서 수업하기도 합니다. 매시간 수업 교실을 안내해 주는 담임 선생님이 교실에 없기 때문에 입학한 첫 학기 동안 1학년들은 매우 혼란스러워합니다. 이전 교과 시간에 미리 안내를 받았겠지만 시간표가 매일 바뀌기 때문에 깜빡하는 일도 자주 일어납니다.

예를 들면 이런 상황입니다. 월요일 기술 시간 마칠 즈음에 선생님이 "다음 시간에는 공구 제작을 위해서 기술실에서 수업을 하겠습니다. 미리 준비물 챙겨서 기술실로 오세요."라고 안내를 했습니다. 이튿날 기술 수업이 있다면 몇몇 아이는 기억해서 친구들과 함께 기술실을 찾아가겠지만 며칠 후인 목요일 혹은 금요일 즈음 기술 수업이 들었다면 아이들은 까맣게 잊어버립니다. 기술실에서 수업을 준비하던 선생님은 아이들이 오지 않자 부랴부랴 교실로 달려갑니다. 생각만 해도 재미있고 웃음 나는 상황이지요. 물론, 담당 교과 선생님은 괴롭겠지만요. 이런 상황을 막기 위해 미리 칠판에 적어 놓기도 하고, 학급 대표를 통해 전달하기도 하지만 잊어버리는 학생이 많은 게 현실이랍니다.

04

중학생의 준비물은
달라야 한다

　중학 생활을 위해 필요한 기본적인 학습 준비물, 초등학교 때와는 달라진 준비물 목록을 하나씩 살펴볼게요.

책가방

　중학교 입학에 맞추어 책가방을 장만하는 경우가 많습니다. 중학생이라고 해서 책가방의 브랜드나 사이즈에 제한이 있지는 않지만 초등학교 때보다 큰 사이즈를 추천합니다. 아이의 취향에 따라 특정 브랜드를 선호하기는 하지만, 초등학교보다 교과목이 많아지고 온라인 수업을 병행해야 하므로 책가방 가득 교과서를 가지고 다니는 날이 잦아집니다. 튼튼하고 크기가 넉넉한 책가방이

유용합니다.

　중학생들이 선호하는 책가방 브랜드는 디스커버리, 캉골, 내셔널 지오그래픽, 휠라, 노스페이스, 뉴발란스, 데쌍트, 아디다스, 나이키 등인데, 금액이 결코 만만치 않습니다.

실내화

　실내화는 학교마다 규정이 다릅니다. 초등학교처럼 여전히 흰 실내화를 신는 곳도 있고, 슬리퍼를 허용하는 학교도 있어요. 또, 교실 안에서 일반 신발을 신고 생활하는 학교도 있고요. 중학생의 실내화는 국민 슬리퍼라고 하는 삼선 슬리퍼와 흰 실내화가 대세이긴 하지만 아이가 학교에서 보내는 시간이 길기 때문에 3만, 4만 원대의 쿠션감 있는 슬리퍼를 신기도 합니다. 삼선 슬리퍼는 보통 문구사나 다이소에서 사며 쿠션감 있는 슬리퍼는 나이키, 아디다스, 뉴발란스 등 스포츠 브랜드에서 직접 신어 보고 삽니다.

실내화 주머니

　초등학교도 실내화 주머니를 활용하는 방식에 차이가 있었던 것처럼 중학교도 학교마다 다릅니다. 실내화 주머니를 매일 들고 다녀야 하는 학교도 있고, 입학식 첫날에 가져간 실내화를 일 년 내내 학교에 두고 신는 학교도 있습니다. 중학생들은 실내화 주머니를 대부분 책가방 안에 넣어서 다니기 때문에 각진 형태보다는 주머니 형태를 선호합니다. 비싸고 좋은 실내화 주머니를 장만했는데 사용하지 않는 경우도 제법 있으니 학교의 안내를 기다렸다가 준비해도 됩니다. 일부 학교에서는 실내화 주머니를 일괄적으로 나누어 주기도 하고요.

중학생 필통 속 준비물

중학생은 연필(혹은 샤프), 지우개, 수정테이프, 삼색 볼펜, 컴퓨터용 사인펜을 기본으로 가지고 다니는 것이 좋습니다. 수업 중에 사용하는 필기구가 지정된 것은 아니지만 수행평가 때는 검정 볼펜 혹은 파란색 볼펜을 사용하는 학교가 많거든요. 볼펜을 사용한다면 답을 수정하기 위한 수정테이프도 필요합니다. 또한 학기 초에 있는 각종 검사나 정기 고사의 답안 작성을 위해서는 컴퓨터용 사인펜도 필요합니다.

최근 중학생들 사이에서는 고가의 필기도구가 유행입니다. 3만 원이 훌쩍 넘는 샤프와 이름이 새겨진 만년필 등 고급스러운 필기구를 쓰는 아이들이 늘어나고 있는데요. 필기감이 좋아 학습 효율을 높여 주는 효과가 없진 않지만 친구들이 모두 쓴다는 이유로 사 달라고 졸라 대는 아이와는 대화를 나누어 보는 기회도 필요하다고 생각해요.

중학생용 공책

문구사에 가면 중학생을 위한 공책이 너무 다양해 뭘 골라야 할지 막막한 마음이 듭니다만 공책은 굳이 급하게 미리 사 둘 필요가 없어요. 흔히 쓰는 공책으로는 초등생 공책과 비슷한 일반 제본 형태와 스프링 제본 형태가 있는데, 교과 선생님마다 어떤 공책을 써라, 쓰지 말라고 구체적으로 지정하기도 하기 때문이에요. 보통은 입학 후 교과 첫 시간에 준비해야 할 공책에 관해 안내하기 때문에 안내를 받고 공책을 사면 됩니다.

학습지용 파일

공책과 함께 투명 파일이 유용해요. 중학교에서 공책을 사용하는 과목이 아예 없진 않지만, 대부분 과목이 학습지(유인물, 프린트)를 제공하는 경우가 많기 때문에 학습지를 보관하는 파일을 과목별로 준비하는 것이 좋습니다. 받게 될 과목별 학습지 양과 크기에 따라 준비하는 파일의 종류가 다르므로 입학 전에 파일을 미리 사지 말고, 수업 첫날 각 교과 선생님이 안내하는 규격으로 준비하면 됩니다. 대부분 L자 투명 파일 혹은 여러 과목의 학습지를 한 번에 정리할 수 있게 분류된 파일을 사용하는 편입니다.

증명사진

중학생이 되면 증명사진이 들어간 학생증을 발급받게 됩니다. 미리 증명사진을 준비할 필요는 없고, 입학 후에 학교의 안내에 따르면 됩니다. 학교에서 단체로 개인 증명사진을 찍어서 학생증을 만들어 주기도 하고, 증명사진을 제출하기도 합니다. 반명함판 사진을 내거나, 파일로 제출하기도 하니 안내를 받고 준비하면 됩니다. 어떤 경우든 학교에서 날짜 여유를 두고 진행하기 때문에 미리 사진을 찍어 두거나 입학식에 가져갈 필요는 없습니다.

명찰

중학생의 교복에는 아이 각자의 이름이 새겨진 천 재질의 명찰을 달아야 합니다. 명찰을 준비하는 시기와 방법도 학교마다 다릅니다. 입학식 전, 교복 구매 즈음에 함께 준비하기도 하고 입학 후에 천천히 준비하는 학교도 있습니다. 또, 명찰을 사용하지 않고 교복에 이름을 새기는 학교도 있으니 학교 안내에 따르면 됩니다.

명찰이나 학생증 색깔 또는 체육복에 들어간 무늬나 색깔 등으로 학년을 구분하기도 합니다. 학생증은 학교에서 맞추는 거라 괜찮지만, 체육복을 구매할 때나, 명찰을 맞출 때는 학년과 색깔을 확인해야 합니다.

개인 준비물

개인 준비물은 필요에 따라 알아서 준비하면 됩니다. 초등학교에서는 사물함에 들어가는 수납 바구니, 양치 도구, 개인 빗자루, 물티슈, 휴지 등 생활 전반에 관한 개인 준비물을 학년 초에 담임 선생님의 안내에 따라 준비합니다. 하지만 중학교에서는 초등 6년 동안 잘 배우고 익혔을 거라고 생각하여 개인 준비물에 대한 자세한 안내가 거의 없는 편입니다. 각자 생활 습관에 맞게 개인 소지품을 챙기는 방식이지요.

자기 물건 챙기기

중학생이 되어서도 '자기 물건 챙기기'는 힘든 부분입니다. 교실에 널브러져 있는 주인 없는 체육복, 이름 없는 교복, 우리 반 학생 것이 분명한데 몇 달째 찾아가지 않는 우산, 학기 말마다 아무리 주인을 찾으려고 해도 주인이 나타나지 않는 것들이지요. 중학생이지만 모든 소지품에 이름을 쓰게 해 주세요. 교과서, 파일, 필기구는 물론 옷과 운동화 포함입니다. 교복, 체육복, 겨울 패딩 모두요. 브랜드, 색깔, 치수도 똑같아서 다른 사람이 내 옷을 입고 있어도 잃어버렸는지조차 모릅니다. 특히 교복과 체육복에는 단단하게 이름 석 자를 박음질해 두세요. 중학교는 교실을 이동하는 수업이 많고, 체육 시간에는 체육복으로 갈아입어야 합니다.

선생님이 없는 교실에서 체육복은 물론 교복까지 잃어버리고 당황하는 아이들이 종종 있답니다.

자율과 규칙의 공존
교복 / 복장 규정

　입학을 앞둔 중학교 교무실에 신입생 학부모의 질문이 가장 많은 부분이 바로 교복입니다. 중학교 배정을 받자마자 교복에 관해 문의하는 것이죠. 학교마다 차이가 있지만 보통 1, 2월에 중학교를 배정받으면 교복 구매에 관한 안내가 함께 나갑니다.

교복 학교 주관 구매 제도

　정부의 교복 가격 안정화 방안(2013.7.9.)에 따라 2015학년도부터 모든 국·공립학교는 교복을 학교에서 사는 '교복 학교 주관 구매'를 실시하고 있습니다. (사립학교는 학교별로 차이가 있습니다.) 학교마다 시기와 방법에 차이가 있으므로 안내를 자세히 확인한 후에 사세요. 학교가 주관하는 공동구매의 경우, 배정표와 함께 나눠 준 안내문에서 일정을 확인하고 입학할 중학교에 방문하여 구매할 수 있습니다. 아이의 교복을 하루라도 빨리 입혀 보고 싶은 부모님의 마음은 이해하지만, 미리 구매하지 않는 것이 좋아요.

교복 지원금 제도

지역 교육청의 정책에 따라 교복을 무상으로 지원하거나 교복 구매를 위한 지원금을 지급하기도 하니 누릴 수 있는 제도를 적극적으로 활용하여 구입하기를 추천합니다. 배정된 중학교에서 상세하게 안내하기 때문에 꼼꼼히 살펴본 후 활용하세요.

만약 입학 이후에 전학하거나 재배정을 받아 다른 지역의 학군으로 이동하는 경우라면 해당 교육청에 입학 지원금 문의 담당자 혹은 해당 학교에 전화해 보는 것이 가장 빠릅니다. 타지역에서 교복이나 중학교 입학과 관련된 지원을 받지 않았다면 새롭게 전학, 입학하는 학교에서 지원 신청 서류를 작성할 수 있고, 3, 4월 중에 지원금이나 포인트가 보호자의 명의로 입금됩니다.

교복 은행 활용하기

조금 더 저렴하게 교복을 구비하고 싶다면 교복 은행을 이용할 수도 있습니다. 보통 2월 중순에서 말 정도에 서울, 경기 지역 위

주로 교복 상설 행사가 진행됩니다. 새 교복 가격보다 무려 10배 이상 저렴하게 구매할 좋은 기회입니다. 이런 교복 은행이라는 제도가 아직 활성화되지 않은 지역이 많지만 서서히 전국으로 확대되고 있는 유익한 제도입니다.

교복 은행이 운영되지 않는 지역이라도 학교에 따라 자체적으로 선배들이 기증한 교복을 무상으로 물려받을 수 있는 곳도 있으니 안내를 살펴보세요. 깨끗한 상태의 교복만 기증하기 때문에 그중 깔끔한 것을 찾아내기란 그리 어렵지 않습니다.

교복 치수 결정하기

중학교는 인생 최고의 성장기이기 때문에 너무 딱 맞게 구매하면 2, 3학년 때 교복을 다시 사야 할 수도 있어요. 그래서 한 치수 정도 크게 사는 것이 좋습니다. 요즘에는 허리 고무줄이나 단추를 이용해서 사이즈를 조절할 수 있기 때문에 입학할 때 한 치수 정도 넉넉하게 구매하길 추천합니다. 만약 딱 맞게 입고 싶으면 한 치수 크게 사서 수선을 하되, 옷을 자르지 말고 안쪽에 박아 달라고 하면 됩니다. 그러면 나중에 박아 놓은 부분을 풀어서 입는 방법도 있습니다.

중학생이 구비해야 할 교복의 종류

종류	구성
동복 춘추복	동복은 겨울용 교복으로, 재킷, 조끼, 블라우스(셔츠), 치마(바지), 넥타이까지 입는 것을 말합니다. 춘추복은 동복에서 재킷을 제외하고 봄, 가을 동안 입습니다. 자주 빨아 입게 되는 블라우스(셔츠)는 교복 구매 시에 두 벌 이상 여유롭게 구입하기를 추천합니다. 블라우스(셔츠) 안에는 하얀색 반소매 티셔츠를 받쳐 입는 것이 보통이며 특정 업체, 브랜드가 지정되어 있지 않아 교복 업체를 비롯한 다양한 브랜드에서 자유롭게 사면 됩니다.
하복	하복은 여름용 교복으로, 반소매 블라우스(셔츠)와 치마(바지)를 말합니다. 남학생의 바지는 학교에 따라 반바지인 경우도 있는데, 역시 땀으로 인해 자주 빨아 입게 될 것을 염두에 두어 블라우스(셔츠)와 하얀색 반소매 티셔츠의 여분을 사 두면 여유롭고 편리합니다.
체육복	체육복은 봄, 가을, 겨울용 긴 팔과 여름용 반소매의 두 종류가 있습니다. 체육 시간을 위해 입는 옷이지만 교복보다 착용감이 편하다는 이유로 평소에도 입고 다니는 아이들이 종종 있습니다. 체육복은 한 벌만 구매해도 충분하며, 학교에 따라서는 특기로 운영하는 수업을 위해 태권도복, 유도복 등을 단체로 구매하는 경우도 있습니다. 교복 업체에서 교복을 살 때 체육복을 함께 사는 경우도 있지만 입학 후 3월 정도에 학교가 주관하여 일괄적으로 구입하기도 하니 학교의 안내에 따르면 됩니다.
생활복	기존 교복에 비해 편하게 만들어진 대체 교복이라고 생각하면 됩니다. 대표적인 생활복은 여름 티셔츠인데 교복 블라우스(셔츠)보다 시원하고 편안하게 디자인되어 여름이면 거의 모든 중학생이 교복 대신 생활복을 입는 편입니다. 또 학교에 따라서는 추운 겨울을 지내는 학생들을 위해 카디건, 후드집업, 외투 등을 생활복으로 지정하고 개별 겉옷은 금지하는 경우도 있으니 학교 측의 안내를 꼼꼼히 챙기는 것이 좋습니다.

참고 사이트: 수박씨닷컴

복장 규정

부모님께서 중학교 다닐 때를 생각하면 요즘 아이들의 복장은 훨씬 자유로워졌다고 느껴집니다. 그래서 요즘 중학교는 복장에 관한 교칙이 없어진 것이 아닐까 하는 생각이 들기도 하는데, 그건 아니에요. 아침마다 긴 막대기 하나 들고 교문 앞에서 교복의 길이와 상태를 검열하던 학생부 선생님의 모습은 없어진 지 오래이긴 합니다.

초등학교는 펌, 염색, 머리 길이, 헤어 액세서리 등 모든 것이 자유롭습니다. 다양한 컬러와 화려한 장식으로 손톱을 꾸미기도 하며, 독특한 머리핀도 할 수 있습니다. 그렇게 자유롭게 지내다가 중학교에 가면 복장 규제가 매우 심하다는 생각을 하게 됩니다. 정해진 교복이 있고, 머리 스타일도 마냥 자유롭지 않기 때문입니다.

요즘 중학생들은 머리 길이가 자유롭고, 작은 귀걸이와 목걸이 정도는 하는 편이고 화장을 허용하는 학교도 있어요. 하지만 안전상의 이유로 지나치게 큰 액세서리를 하거나 손톱을 기르는 것은 금지하고 있습니다. 예전 부모님 세대처럼 정기적인 두발 검사나 손톱 검사는 없지만, 지나치게 손톱을 기르거나 크고 흔들리는 액세서리는 못 하게 합니다. 복도를 지나가면서 몸을 부딪치거나 장난을 치면서 의도치 않게 상처가 나는 경우가 종종 있기 때문입니다.

복장에 관한 교칙에 불만인 아이와는
이렇게 대화해 주세요

복장은 부모님과 학생들의 관심이 높은 부분인데요. 신입생 소집일이나 입학 이후 오리엔테이션 시간에 복장에 관한 규칙을 학생들에게 충분히 교육하고, 부모님께도 안내합니다. 교복이나 복장에 관한 교칙이 아이와 부모님을 모두 만족시킬 수는 없지만, 적어도 자녀에게는 단체 생활에서는 규칙을 지켜야 한다고 지도해 주셨으면 합니다.

"다른 학교는 이렇지 않다던데, 이 학교만 왜 이럴까.", "요즘 세상에 이런 교칙은 너무 엄격한 거 아니야?" 등 학교의 지도 방안을 이해하지 못하겠다는 반응을 보이면 아이들이 긍정적인 태도로 중학교 생활을 시작하기가 쉽지 않습니다. 새로운 환경에 적응하는 과정이라고 격려해 주시고, 단체 생활에서 지켜야 하는 옷차림이나 태도에 대해서 함께 이야기해 보세요.

알림장 / 가정통신문

"선생님, 알림장은 언제 써요?"

중학교 1학년 담임을 맡은 선생님들이 가장 당황스러워하는 질문이 아닐까 싶습니다. 알림장이라는 용어 자체가 없는 곳이니 말입니다. 초등학교 때 매일같이 알림장을 쓰고 검사를 받았던 아이들인지라 당연히 알림장을 쓸 거라고 생각하고 질문하는 모습이 깜찍하기는 합니다.

중학교는 알림장을 쓰지 않습니다. 쓰라고 시키는 사람도 없고, 썼는지 확인하는 사람도 없습니다. 필요해서 기억해야겠다고 생각하는 내용은 각자가 알아서 메모해야 합니다. 알림장이 없는 중학교에서 알려 주는 안내 사항은 아이와 부모님이 어떻게 챙겨야 할까요?

알림장은 알아서 씁니다

가장 이상적인 것은 아이가 스스로 개인 알림장을 챙기는 겁니다. 알림장을 검사하지 않기 때문에 쓰지 않는 아이들이 대부분이지만, 학습이나 생활에 야무진 아이들을 관찰해 보면 대부분 개인 다이어리를 챙기고 있음을 알 수 있습니다. 그 수첩에 일주일 시간표도 적어 두고, 숙제와 준비물은 물론 과목별 수행평가 일정까지 꼼꼼하게 기록합니다. 입학 초기에 반 아이들에게 수첩을 준비하라고 하지만, 초등학교처럼 매일 검사하지 않기 때문에 꾸준하게 활용하는 아이들이 많지 않은 게 현실입니다. 기억해야 할 사항이 있을 때마다 칠판이나 학급 게시판에 적힌 안내문을 사진으로 찍는 아이도 많고, 이마저도 귀찮아서 하교 후 친구들에게 따로 학교 숙제를 알아내는 아이도 많습니다.

스마트폰으로 가정통신문을 받고, 학급 SNS에 간단한 메시지와 사진으로 준비물을 챙기는 편리한 시대이긴 하지만 많은 정보가 수시로 뿌려지다 보니 기억되거나 저장되지 않은 채 없어지는 정보도 많습니다. 어른인 우리도 나중에 확인해 봐야지 하면서 넘어가는 메시지가 얼마나 많은가요. 아이들도 그렇습니다. 학교에서, 학급에서 몇 번이고 중요한 사항을 알려 주고, 게시하고,

공유해도 그냥 넘어가고 잊어버리기가 일쑤입니다. 가정에서 부모님이 함께 수시로 챙겨 주세요. 학교에서 보내는 알림이나 문자를 그냥 넘기지 말고 꼭 확인해 주세요.

가정통신문 챙기기

학교에서 배부하는 가정통신문을 살펴보는 것을 기본으로 하세요. 요즘에는 학생과 부모님 대부분 스마트폰을 사용하고 있어서 가정통신문 앱을 이용하여 정보를 안내하는 학교가 많아지고 있습니다. 학교마다 사용하는 앱이 다르기 때문에 학기 초에 안내 사항을 확인한 후 꼭 설치해서 안내 사항을 받아 보세요. 학교 홈페이지에는 배부되는 가정통신문뿐만 아니라 학사 일정, 행사, 교과별 평가 계획 등 학교생활에 대한 전반적인 정보는 물론, 결석이나 체험 학습, 봉사 활동 신청서와 같은 양식이 공유되어 있으니 홈페이지를 알차게 활용하세요.

반드시 적응해야 할
디지털 도구 사용

2020년에 갑작스럽게 닥친 코로나19 사태로 인해 온라인 수업이라는 새로운 형태의 수업이 시작되었습니다. 아이들은 교실이 아닌 낯선 온라인 학교로 등교해야 했고, 책가방과 교과서, 공책 대신 노트북이나 태블릿, 헤드셋을 준비해야 했습니다. 아이들은 물론 온라인 수업을 돕느라 부모님도 고생 많았을 겁니다.

2021년 2학기 전면 등교가 시행되면서 이제 더 이상 온라인 수업이 없을 것이라 예상했는데, 온라인 수업이 학교 수업에 고스란히 들어왔습니다. 교실마다 인터넷 환경이 구축되었고, 학생들에게 개인 태블릿이 보급되었거든요.

게다가 AI 디지털교과서가 도입될 예정입니다. 2025년 수학, 영어, 정보, 국어(특수교육) 교과를 시작으로 2028년까지 국어, 사회, 역사, 과학, 기술·가정 등으로의 확대가 확정되었습니다. 현재 많은 과목 수업에서 디지털 도구를 사용하여 온라인 기반의 수업과 평가를 하고 있습니다. 고교학점제를 시행하는 고등학교에서는 학생 개인이 선택하는 과목을 최대한 개설할 수 있도록 온라인 공동교육과정을 준비하고 있고요.

온라인 수업은 더 이상 가정에서 혼자 하는 수업이 아니라 미래 교육에서 병행하게 될, 온오프라인 공간에서 진행되는 필수적인 수업의 한 가지 형태가 되었습니다. 중학교 현장에서 온라인 수업이 어떻게 진행되고 있으며, 준비하고 주의해야 할 것은 무엇인지 하나씩 살펴보려 합니다.

온라인 활용 수업

코로나 시기에는 학교마다 온라인 플랫폼을 하나로 정하면 전 학년 학생이 가입하고 진행했습니다. 만 14세가 되지 않은 학생은 가정에서 직접 가입을 도와주기도 했고요. 하지만 이제 학교에서는 교육청에서 일괄적으로 학생용 아이디를 발급받아 온라인 교실을 사용하게 되었습니다. 코로나19 때처럼 모든 과목을 사용하는 것이 아니라 교과목 특성이나 수업, 평가 상황에 따라 유연하게 개설하게 되었습니다.

제 과목인 영어를 예로 들어 들어보겠습니다. 저는 전면 등교 이후에 온라인 영어 교실을 개설했습니다. 평소에는 아이들과 직접 대화하며 수업하지만, 개별적으로 학습지를 풀 때는 교실에 비치된 태블릿을 꺼내 온라인 영어 교실로 들어갑니다. 거기에 온라인 학습지가 있거든요. 학생들은 각자 문제를 풀고 점수와 답을 확인할 수 있습니다. 제가 돌아다니면서 피드백을 주기도 하고 시간이 없을 때는 온라인으로 줍니다. 학습지를 빨리 푼 학생들은 온라인 교실에 있는 다른 문제를 풀거나 보충 자료를 읽는 시간을 갖습니다.

단어 사이트도 학생들이 좋아하는 활동인데요. 자신의 수준에 따라 단어를 공부할 수 있습니다. 같은 시간에 하는 활동이지만 단어의 의미를 외우는 아이, 철자를 공부하는 아이, 개인 단어 시험을 보는 아이 등, 각자의 속도대로 공부합니다.

온라인 교실의 가장 큰 장점은 수업이 끝난 이후에도 할 수 있다는 거죠. 시험 기간이면 온라인 교실에 접속하여 학습지를 찾아보는 학생들이 많아지고 있습니다. 수행평가 기간에는 교사가 제공한 자료를 언제 어디서든 찾아볼 수 있고요. 하지만, 이런 장점을 활용하는 아이도 있지만 그렇지 않은 아이도 많은 것이 사실입니다. 우선 가정에서 관심을 가져보세요. 어떤 과목에서 온라인 교실을 활용하며, 어떤 종류의 온라인 도구를 사용하는지 함께 이야기를 나누어 보는 거죠. 여유가 된다면 아이의 온라인 교실을 함께 살펴보고 사용하는 디지털 도구를 함께 해보는 것도 추천합니다. 배운 내용을 복습하는 것처럼 온라인 도구도 연습이 필요하거든요. 특히 중학교 1학년 과정에서는 학교생활과 수업에 적응할 수 있도록 도와줄 필요가 있습니다.

생산성 도구 사용법 익히기

요즘 아이들이 대부분 일찍부터 스마트폰에 익숙해서 자연스럽게 디지털 도구를 활용할 수 있을 것으로 생각하지만 그렇지 않습니다. 특히 마우스나 펜을 사용하지 않고 손가락으로 메시지를 보내거나 그림을 그리기 때문에 정확한 정보를 구성하고 제작해야 하는 교육용 프로그램은 잘 사용하지 못하는 학생이 많거든요.

그래서 제가 학생들에게 중학교 1학년에는 반드시 익히도록 강조하는 것이 타자 연습입니다. 학교에서 과제를 제출하는 대표적인 도구는 프리젠테이션과 문서입니다. 자신의 의견을 작성하고, 배운 지식을 바탕으로 과제를 재구성하고 발표까지 이어지기 위해서는 한글과 영어 문자를 정확하게 입력할 수 있어야 합니다. 한글과 영어 타자만큼은 중학교 1학년에 완전하게 마스터할 수 있도록 해주세요.

www.hancomtaja.com

한컴타자

가정에서 온라인 예절 지도

이제 가정에서 지도해야 할 기본 예의는 온라인 사회까지 확대
되었습니다. 기본적인 매너와 예의는 온라인이라고 해서 별반 다
르지 않습니다. 오프라인에서의 태도가 온라인까지 이어지기 때
문이지요.

먼저, 평소 자녀의 스마트 기기 사용 정도를 점검해 주세요. 교
실에서 수업하다가 디지털 도구를 켜는 순간, 수업을 하고 있다는
것을 잊고 개인 SNS를 확인하거나 게임을 시도하는 아이들이 있
습니다. 특히 자료 조사처럼 다양한 사이트를 활용하는 수업에서
는 교사가 모두 통제하지 않기 때문에 틈을 많이 노리지요. 이 아

이들의 공통점은 평소 늦게까지 게임을 하거나 영상을 시청하는 습관을 지니고 있습니다. 실제 수업까지 이 습관이 이어지지 않도록 가정에서의 관리가 필요합니다.

두 번째로 타인에 대한 태도입니다. 사실 사춘기 자녀가 밖에서 다른 사람들을 어떻게 대하는지 알 수는 없습니다. 여기서 말하고자 하는 것은 아이의 태도를 일일이 알아보라는 것이 아닙니다. 그럴 수도 없고요. 중요한 것은 평소 부모가 보여 주는 타인에 대한 태도와 말입니다. 아이의 태도는 평소 부모의 태도와 말에 영향을 많이 받거든요. 다른 사람이 보지 않을 때 공중도덕을 지키는 것, 다른 사람과 나누는 SNS 대화, 심지어 혼잣말이라고 생각하며 내뱉는 단어 모두 아이에게 영향을 미칠 수 있습니다. 물론 모범적인 부모 아래에 그렇지 않은 자녀도 분명히 있습니다. 이럴 때 중요한 점은 온라인에서의 태도를 부모가 얼마나 민감하게 받아들이냐입니다. '중학생이니까 한 번쯤 그럴 수 있지.' '우리 아이 정도면 요즘 아이들에 비하면 양호한 거지.'라고 대수롭지 않게 생각한다면 아이들은 온라인이라는 익명의 공간에서 그 '대수롭지 않은 행동과 말'을 합니다. 실제로 온라인에서 실시간 협업을 통해 과제를 해결하는 수업에서 다른 사람의 과제를 삭제하거나 수업과 관련 없는 내용으로 변형하는 학생이 있었는데요. 해당 학생의 어머니는 오히려 '우리 아이만 그렇게 한 것이 아니다.'

'그 정도는 다시 고치면 되지 않냐.'라는 반응을 보였습니다. 그 학생이 있는 반에서는 온라인 활동을 진행하기가 쉽지 않았지요.

부모를 위한 온라인 교실

에듀테크의 발달로 수업뿐 아니라 과목 신청이나 출결 확인까지 온라인을 활용하는 사례가 늘어나고 있습니다. 중학교 1학년 자유 학기 주제 수업 선택이나 동아리 활동을 온라인으로 신청하는 학교가 늘어나고 있고요. 고교학점제에서 학생 선택 과목과 이동 수업의 확대에 따라 온라인 출결 시스템을 도입하려는 움직임이 있습니다. 이미 온라인 교무실을 구축하여 학교 운영 전반을 온라인 시스템으로 활용하고 있고요.

아이들은 학교에서 익힐 수 있다고 하지만 학부모의 교육도 필요한 시점입니다. 알아야지 자녀를 도울 수 있으니까요. 자녀의 학교에 가지 않아도, 지역 기관에서 개설하지 않아도, 혹은 시간을 내어 직접 가지 않아도 교육을 받을 수 있는 공간이 있습니다. 직접 학교에서 안내해 주길 기다리지 않아도, 지역에서 수업을 마련해 주지 않아도, 오프라인 강연에 참석하지 않아도 배울 방법이 있습니다. 그것도 무료로 말이죠.

아이의 미래 교육을 지원하기 위해서 우리도 배워야 합니다. 디지털 환경에서 자녀를 키우는 방법, 아이들의 인터넷 중독을 예방하는 방법, 변화하는 교육을 따라가는 방법 등 전문가의 질 높은 수업에 참여해 보세요.

전국 학부모 지원 센터

스승의 은혜

중학생
일기장

　우리 담임 선생님은 참 재밌으시다.

　처음 선생님을 봤을 땐 아재미가 물씬 풍기길래 많이 지루할 줄 알았는데, 내 예상은 완전히 빗나갔다. 우리 선생님은 사회 담당인데, 내가 여태까지 본 선생님 중에서 아이들에게 인기가 가장 많고 가장 재밌으시다. 지금까지 한 번도 정색하는 걸 본 적이 없어서 좋기는 하지만 늘 웃는 사람이 화를 내면 얼마나 무서운지 알기 때문에 더 잘하려고 노력하게 된다.

　선생님이 재밌으셔서 그런지 사회 시간이 기다려진다. 사회 시간에는 수업을 별로 하지 않는다. 우리 반 담임 선생님이다 보니까 사회 시간에 동아리를 정하거나 예술, 체육 활동 반을 정한 적도 있다. 그래서 우리 반은 다른 반에 비해서 진도가 조금 느리다. 상관없다. 선생님이 사회는 별로 중요한 과목이 아니라고, 시험 전날에 벼락치기하면 충분히 괜찮은 점수를 받을 수 있다고 말씀하셨기 때문에 우리는 그 말을 잘 따르고 있다. 우리가 수업 시간에 너무 심하게 떠드는 바람에 서안해양성 기후에서 출발해서 펩시콜라의 중독성에 관해서까지 이야기가 이어진 적도 있었는데 진짜 흥미진진하다.

우리 반 애들은 수학 시간을 미치도록 좋아한다. 수업 종이 치면 수학 교과서로 책상을 쾅쾅 내리치는 아이들이 있고, 아예 잠잘 준비를 하는 애들도 있다. 수학 선생님은 어쩜 그렇게 수업을 재미있게 하는지 잠이 쓰나미처럼 우리 반 교실을 덮쳐 버린다. 그러면 선생님은 학창 시절에 자신이 졸렸던 이야기를 푸시는데, 정말 놀랍게도 그것마저 졸린다.

이런 우리 수학 선생님보다 더 지루한 수업을 하는 선생님도 계신다. 바로 과학 선생님이다. 항상 무섭게 생긴 철막대를 들고 다니는데, 우리가 떠들면 지체 없이 칠판을 매우 세게 내리친다. 소리가 얼마나 큰지 과장 좀 보태서 옆 반 아이가 그 소리에 놀랐다고 한다.

가장 수업이 많은 과목은 국어다. 국어 선생님은 젊으신 편이다. 30대 초중반쯤 되었는데, 미국으로 유학을 갔다 오셨다고 한다. 영어를 엄청 잘하신다. 우리 반 아이들이 가장 무난하게 생각하는 선생님 중 한 분이다.

마지막으로 영어 쌤은 아이들이 가장 좋아하는 선생님이다. 가장 리액션이 좋고 털털해서 아이들이랑 잘 어울리고, 아이들과 가장 가까운 선생님이다.

결론은 내일 학교 가기 싫다.

CHAPTER 3

・
・
・

2022 개정
교육과정,
이렇게 준비해요

・
・
・

"시험이 없어서 아이들이 공부를 안 한다네."
"자유 학기만 그렇지 이제 시험을 친다는데?"
"논술형 시험이 늘어난다는데 어떤 학원을 보내야 하지?"
"만들고 그리는 활동이 많대. 수행 평가도 있으니 미술학원도 가야
하지 않을까?"

아이의 중학교 입학을 앞둔 학부모라면 이런 이야기를 한 번은 들어
봤을 것입니다. 자유학년이 한 학기로 축소되었다고 하니 오히려
공부량이 늘어날 것 같아 걱정도 되지만, 시험을 통해 학습 습관을
좀 더 일찍 잡을 수 있을 것 같아 다행이라는 생각도 듭니다. 그리고
한편으로는 하필 우리 아이부터 새로운 교육과정이 적용된다고
하니 막연하게 억울한 마음도 듭니다.

현장의 교사들도 여느 학부모들과 다르지 않습니다. 가르치는
과목에서 어떤 내용이 포함되고 빠졌는지, 어떤 수업 도구를
활용하고 평가해야 하는지 걱정하고 염려하고 있습니다.
교사이면서도 동시에 학부모이기 때문에 같은 마음이 드는 부분도
상당히 많고요.
그래서 이번 장에서는 올해 중학교 1학년부터 적용되는 자유 학기와
2022 교육과정으로 중학교 생활을 살펴보려고 합니다.
교육 과정에 관한 부모님의 이해도에 따라 아이의 학교 생활이
달라질 수 있거든요.

2022 교육과정과 자유 학기, 넌 도대체 누구냐!

01

제대로 알고 준비하는
자유 학기

    자유 학기제의 개념을 먼저 확인해 볼게요. 안타까운 일이지만 학기 초 학교 교육과정 설명회, 평가계획 안내 등이 담긴 가정통신문에서도 '자유 학기'에 대한 개념이 자세하게 설명되어 있지 않은 경우가 많습니다. 이 제도가 학교 현장에 도입된 지 이미 10여 년이 되었기 때문에 학부모들도 잘 알고 계시리라 판단해 자세한

자유 학기제란?

학생의 자기 주도적 학습능력을 기르기 위해
한 학기 동안 지식과 경쟁 중심에서 벗어나
학생 참여형 수업과 이를 연계한 과정 중심 평가를 강화하며,
다양한 자유 학기 활동을 편성하여 운영하는 제도

설명을 굳이 하지 않는 게 요즘의 추세거든요. 그래도 우리는 한 번 짚고 넘어갑시다.

2025년 중학교 신입생부터 본격적으로 '자유 학년제' 대신 '자유 학기제'가 적용됩니다(일부 학교에서는 2023년부터 시행하고 있습니다). 자유 학기제는 2016년에 도입되어 2018년부터는 자유 학기제보다 자유 학년제를 시행하는 학교의 비율이 점차 높아지면서 2021년에는 전국 중학교의 96% 이상이 중학교 1년을 자유 학년제로 운영했습니다. 하지만 진로를 고민하기에 너무 이른 나이라는 의견과 지역이나 학교별로 프로그램의 질이 다르고 실제 실효성이 있느냐는 지적이 꾸준히 있었지요. 또한 시험을 치르지 않아 학력이 저하되는 것 아니냐는 우려도 계속되었고요.

이에 2022 개정 교육과정이 적용되는 2025학년도부터는 자유 학년이 일 년이 아닌 한 학기로 줄었고, 4개의 영역으로 운영하던

단계	2015 개정 교육과정		2022 개정 교육과정
운영기간	· 한 학기 또는 1년		· 한 학기 운영
영역	· 4개 활동 (주제 선택, 진로 탐색, 예술·체육, 동아리)	→ → →	· 2개 활동 (주제 선택, 진로 탐색)
편성 시간	· 한 학기 운영 시 170시간 (주 10시간) · 1년 운영 시 221시		· 한 학기 102시간 (주 6시간)

프로그램이 2개의 영역으로 통합되었습니다. 학교에 따라 1학년 1학기, 1학년 2학기, 2학년 1학기 중 자유 학기 운영 시기를 결정하여 운영하고 있습니다.

자유 학기 수업 구성

자유 학기 수업은 부모님 세대가 받아 보지 못한 아주 새로운 형태의 수업입니다. 내가 경험해 보지 못해 전혀 알지 못하는 수업을 받는 아이를 보면서 걱정이 드는 건 당연한 일입니다. 그래서 아는 것이 힘입니다. 알고 있어야 불안하지 않고, 알아야 선택권이 많아집니다.

아이의 중학교 자유 학기 기간에 무엇을 배우고, 어떤 활동에 참여하게 되며, 성적에는 무엇이 어떻게 얼마나 반영되는지, 교과 수업은 어떻게 진행되는지 알아 두세요. 자유 학기와 관련된 수업을 위한 준비가 필요하다면 도와주고, 아이와 편안하게 대화를

자유 학기 수업 활동

주제 선택 활동	진로 탐색 활동
학생의 희망에 따라 배우고 싶은 내용을 스스로 선택할 수 있도록 다양한 활동 마련 예) 미디어비평, 창의수학수업, 영미문화탐구, 생활과학 등	학생의 적성과 소질을 탐색하여 스스로 미래를 설계해 나갈 수 있도록 체계적인 진로 학습 기회 제공 예) 진로검사, 초청 강연, 직업포트폴리오 제작, 직업 체험, 현장 탐방활동 등

나누는 부모가 되었으면 합니다.

자유 학기 수업은 주제 선택과 진로 탐색 활동이 있습니다.

주제 선택 활동

교과에서 확장된 다양한 주제에 대한 수업으로 교과와 관련된 교사가 직접 가르치는 프로그램입니다. 교사가 학생들의 담당 과목과 관련된 주제의 수업을 개설하면, 학생들이 선택하여 수업하는 방식입니다.

영어 과목에서 주제 선택 활동으로 제가 개설한 수업을 예로 들어보겠습니다. 매주 영어 그림책을 같이 읽으면서 영미 문화도 배우고, 실제로 쓰이는 영어 표현을 가르치기 위해 '영어 그림책 수업'을 개설했습니다. 앤서니 브라운Anthony Browne의 《겁쟁이 빌리 Silly Billy》라는 영어 그림책을 읽고, 과테말라 문화도 배우고, 주인공이 만들었던 걱정 인형도 함께 만들었어요. 존 로코John Rocco의 《앗, 깜깜해Black Out》를 읽고, 미국 도시의 그림도 살펴보고, 영어 표현도 익혔지요.

아이들의 후기는 어땠을까요? 두 달 동안 8권의 그림책을 읽고 활동하면서 영어와 영미 문화에 대한 관심이 부쩍 높아졌다고 하더라고요. 다양한 활동 중에서도 '직접 그림책을 소리 내어 읽고 녹음하기'가 가장 도움이 되었다는 피드백을 주기도 했고요. 영어 본문보다 훨씬 짧고 재미있는 그림책 활동이 영어를 이해하는 데에 도움이 되었다는 학생들의 반응에 프로그램을 잘 개설했다는 생각이 들었습니다.

동료 수학 선생님은 '챌린지 수학'이라는 프로그램을 개설했어요. 생활 속에서 수학적인 요소를 발견하고 적용하는 수업인데, 테셀레이션(한 가지 이상의 도형을 이용해서 틈이나 포개짐 없이 평면이나 공간을 완전하게 덮는 것) 활동을 하면서 각도에 대해서 배우고, 나만의 테셀레이션을 디자인하기도 했답니다. 평소 수학에 자신이 없고 소극적이라 생각했던 아이들이 이 수업을 통해 재미있고 기발한 작품을 만들어 내는 것을 보고 몰랐던 아이들의 창의성에 감탄했다고 합니다.

영화와 드라마 속 실존 역사 인물을 탐구하는 역사 시간, 세계 각국의 건축물을 배우고 직접 미니어처로 만드는 사회 시간, 과자로 넓이와 둘레를 구하는 수학 시간, 영어로 된 조리법으로 요리해 보는 영어 시간 등 학생들에게 앎의 즐거움과 다양한 주제에 대한 호기심을 가지게 하는 주제 수업이 많습니다.

사실 지난 학창 시절을 돌이켜 보면 영어 시간에 배웠던 문법 용어와 수학 시간에 배운 복잡한 공식보다는 영어 시간에 함께 부르던 팝송, 역사 시간에 선생님이 들려주신 교과서에 나오지 않는 역사의 뒷이야기, 학급 합창 대회를 준비하면서 함께 불렀던

노래가 더 생생히 기억날 거예요.

교과서에 나오는 기본 학습 내용과 개념이 중요하지 않다는 이야기는 아니에요. 주제 선택이라는 새로운 형태의 수업을 통해 교과서를 넘어 실제적인 자료를 활용하는 방법을 배우고, 교과 시간에는 경험하지 못했던 과제를 완성하는 경험을 통해 평소 흥미가 없었던 과목에도 관심을 둔다는 점이 유의미하다는 거예요. 이 과정에서 경험한 흥미와 관심이 그 과목의 배움을 지속하는 호기심과 동기가 될 수 있고요.

진로 탐색 활동

자유 학기 도입에 가장 큰 모델이 되었던 아일랜드의 전환 학년제가 학생들의 진로와 직업을 결정하는 기간이라는 것이 알려지자, 자유 학기가 도입된 초기에는 '자유 학기 = 진로 체험 수업'이라는 인식이 강했습니다. 특히 반나절 이상 외부로 체험 학습을 나가는 날이 있다 보니 그 활동만 두드러졌던 것도 사실입니다. 진로 탐색 활동이 자유 학기 기간에만 있는 특별한 교육과정이긴 하지만 실제로 자유 학기를 대표하거나 가장 많이 차지하는 활동은 아니랍니다.

진로 탐색 활동은 다양한 체험을 균형 있게 운영하여 학생이 적성과 소질을 탐색하는 경험을 통해 자기 주도적으로 미래를 설계하는 기회를 제공하기 위한 활동으로 구성되어 있습니다. 또 교과 중 선택과목 중 하나인 진로 교과를 교내 진로 교육 프로그램과 함께 연계하여 인문, 예술, 과학, 역사, 인성 등 다양한 주제와 연관하여 운영하기도 합니다.

직업 체험 활동은 강연, 현장 견학, 영상 정보 활용 방식으로 운영하는데요. 직업인을 초청하여 관련 일에 대한 강의를 듣기도 하고, 직접적인 현장뿐 아니라 다양한 직업 세계를 체험할 수 있는 직업 체험 시설을 견학하고 체험해 봅니다. 직업인의 인터뷰 영상이나 직업 정보 비디오를 통해 다양한 직업 세계에 대한 정보를 배울 수 있는 영상 정보 활용도 하고요.

직업 체험의 종류에 따라서는 현장 견학, 체험 학습의 형태로 반나절 정도를 배정하여 학교 외부로 나가기도 합니다. 활동 후에는 체험 결과나 느낀 점을 작성하게 함으로써 자기의 경험을 되돌아보고 미래와 진로에 대해 생각해 보는 시간도 갖게 합니다.

2022 개정 교육과정

사회변화에 따른 디지털, 기후변화, 자기 주도성을 강조하는 교육과정이 개편되었습니다. 학생과 학부모가 직접적으로 느끼는 부분은 교과서 개정과 입시의 변화이지요. 학교는 개정 교육과정의 목표를 실현하기 위한 교육과정을 재구성하고, 교사는 수업과 평가를 계획하게 됩니다. 이를 위해 수업과 평가에도 변화가 있을 예정입니다.

2024년 초등학교 1, 2학년을 시작으로 2025년에는 중학교와 고등학교, 그리고 2027년에는 전 학교의 전 학년이 2022 교육과정, 그에 따른 새로운 교과서로 공부하게 됩니다.

표로 정리하면 다음과 같습니다.

연도	초등	중등	고등
2024년	1, 2학년		
2025년	1, 2, 3, 4, 5학년	1학년	1학년
2026년	1, 2, 3, 4, 5, 6학년	1, 2학년	1, 2학년
2027년		1, 2, 3학년	1, 2, 3학년

세계 교육의 흐름

우리는 모두 아이를 위해 공부하는 엄마들이니 먼저 자유 학기라는 제도가 왜 도입된 건지, 교육과정은 왜 바뀌는지 알고 시작했으면 합니다.

먼저 자유 학기는 세계 교육의 흐름에 맞춰 도입된 제도입니다. 이미 오래전부터 교육 선진국들은 청소년들에게 새로운 환경에 적응하고, 자기 적성과 소질에 맞는 진로를 탐색할 기회를 제공하는 교육을 하고 있었습니다. 덴마크의 애프터스쿨^{After School}, 영국의 갭이어^{Gap Year}, 아일랜드의 전환학년제 등이 대표적인 시스템이죠.

덴마크의 애프터 스쿨은 9학년(우리나라의 중학교 과정) 졸업 후 고등학교나 직업학교에 진학하기 전에 기숙사 학교에 진학하여 여러 활동을 체험하면서 자신의 길을 찾는 경험을 하는 과정이에요. 영국의 갭이어는 고등학교 졸업 후 대학 진학 전에 직업 체험,

여행, 봉사 활동을 하면서 책임감과 자기 주도력을 배우는 과정입니다. 아일랜드의 전환학년제 역시 중학교 졸업 후 고등학교 진학 전 학교 수업과 체험 활동을 하면서 진로와 적성을 찾기 위해 학생이 선택하는 교육과정입니다.

아일랜드에서 전환학년제를 도입할 당시 아일랜드 학부모들은 아이들의 학력이 떨어지는 것은 아닌지 걱정을 많이 했다고 합니다. 아일랜드는 유럽의 다른 나라에 비해 유독 교육열이 높고, 대학 진학률도 높은 편이어서 그만큼 교육에 대한 부모의 관심도 높습니다. 걱정이 없을 수 없겠지요. 하지만 이 전환학년제를 경험한 학생들의 학업 성취도와 성숙도가 그렇지 않은 학생들보다 더 높다는 결과가 나오기 시작하고 만족도가 높아지면서 전환학년제를 선택하는 학생이 늘어나고 있는 게 현실입니다. 현재 아일랜드에서 전환학년제를 선택하는 학생이 70%가 넘는다고 하니 학생과 학부모의 만족도가 높으며 교육과정이 발전적이고 안정적으로 운영되고 있다는 의미로 해석해도 무리가 없으리라 생각합니다.

교육과정이 변화한 이유 역시 세계 교육의 큰 흐름 중 하나인데요, 디지털 전환에 따른 산업과 사회의 변화, 기상 이변과 기후 환경의 변화로 불확실한 상황에 대응하고 극복하는 능력이 필요해졌습니다. 복잡하고 자주 변화하는 미래 사회를 살아갈 아이들의 기본 역량과 대응력을 키워 주는 교육이 필요하게 된 거죠.

특히 OECD 2030에서는 '개인과 사회 구성원 전체의 웰빙'을 교육의 목적으로 제시하며 개인과 미래 사회에 필요한 역량으로 학생 행위 주체성student agency 및 변혁적 역량transformative competencies을 강조했는데요. 학생 행위 주체성이란 목표를 정하고 스스로 성찰하며 책임감 있는 행동으로 변화하는 능력입니다. 변혁적인 역량으로는 새로운 가치 만들기, 긴장과 딜레마 해소하기, 책임감 가지기를 제시했습니다.

'새로운 가치 만들기'는 보다 나은 삶을 위해 새로운 지식, 아이디어, 전략을 고안하여 문제 해결을 위해 적용하는 능력입니다. 이를 위해서는 창의적이고 비판적인 사고가 필요합니다. '긴장과 딜레마 해소하기'는 서로 다른 생각이나 상황을 이해하고 공통의 목표를 찾아야 하는데 서로의 능력을 끌어내기 위해 공감하고 존중하는 태도를 말하지요. 마지막으로 '책임감 갖기'로 자신의 행동에 대한 책임을 지고, 사회에 긍정적인 영향을 미치는 행동을 하는 능력입니다. 스스로 성찰하고 윤리적인 판단을 하고 다양한 상황에서 의사 결정을 내릴 수 있어야 합니다. 학생들은 이런 능력을 키워 자신은 물론 타인과 지구촌 구성원 전체의 웰빙을 향해 나아가는 법을 배워야 하며, 동시에 교육의 목적이 되어야 한다고 합니다.

이런 역량은 우리나라 2022 교육과정에서도 엿볼 수 있습니다.

다음 표는 2022 교육과정에서 제시한 여섯 가지 핵심 역량입니다.

핵심 역량	의미
자기 관리 역량	자아정체성과 자신감을 가지고 자신의 삶과 진로를 스스로 설계하며 이에 필요한 기초적 능력과 자질을 갖추어 자기주도적으로 살아갈 수 있는 능력
지식정보처리 역량	문제를 합리적으로 해결하기 위하여 다양한 영역의 지식과 정보를 깊이 있게 이해하고 비판적으로 탐구하며 활용할 수 있는 능력
창의적 사고 역량	폭넓은 기초 지식을 바탕으로 다양한 전문 분야의 지식, 기술, 경험을 융합적으로 활용하여 새로운 것을 창출하는 능력
심미적 감성 역량	인간에 대한 공감적 이해와 문화적 감수성을 바탕으로 삶의 의미와 가치를 성찰하고 향유하는 능력
협력적 소통 역량	다른 사람의 관점을 존중하고 경청하는 가운데 자신의 생각과 감정을 효과적으로 표현하며 상호협력적인 관계에서 공동의 목적을 구현하는 능력
공동체 역량	지역,국가,세계 공동체의 구성원에게 요구되는 개방적, 포용적 가치와 태도로 지속 가능한 인류 공동체 발전에 적극적이고 책임감 있게 참여하는 능력

여섯 가지 역량 모두 하나같이 고개가 끄덕여지는 훌륭한 덕목들이지요. 교과서 공부만으로는 얻기 어려운 중요한 가치들입니다. 부모라면 누구나 내 아이가 이러한 역량을 두루 갖춘 어른으로 성장할 수 있기를 바랄 거예요. 그렇다면 이런 힘은 어떻게 하면 기를 수 있을까요? 물론 아이의 타고난 고유한 성향과 기질의 영향을 받지만 가정 교육과 공교육을 통해 더욱 활발하게 길러질

수도 있습니다. 이 역량들은 공부만으로 얻기 어려운 중요한 가치들입니다. 새로운 개정 교육과정에서 자유 학기 기간이 줄어들기는 했지만, 자유 학기의 취지와 필요성에 대해서는 어느 정도 공감대가 형성되었고, 프로그램 내용과 운영이 좋아지고 있습니다.

자유 학기는 단순히 '놀기만 한다', '의미를 모르겠다'라고 덮어 두기보다는 이 시간을 통해 내 아이가 어떤 것을 얻고 경험하게 될지를 기대하는 마음이었으면 합니다. 그리고 2022 교육과정을 경험하게 될 내 아이는 공부만 잘하는 아이가 아닌 공부도 잘하는 아이였으면 좋겠습니다.

2022 개정 교육과정 특징

지식 정보사회가 요구하는 창의적 인재를 양성하는 것이 2015 교육과정의 목적이었다면 2022 교육과정 은 미래 사회가 요구하는 역량을 키울 수 있는 교육을 목적으로 하고 있습니다. 워낙 사회가 빠르게 변화하고, 그 변화가 확실하지 않은 미래를 우리 아이들은 살아 내야 하잖아요. 2019년부터 전문가들은 미래형 교육과정 개발을 위한 기초 연구를 시작했고, 2021년부터는 본격적으로 교육과정을 개정하기 위한 연구와 방법을 개발했습니다. 그리고 2022년 공개 토론회와 연수를 통해 교사, 학생, 학부모의 의견을 들었고요. 이렇게 개정된 교육과정의 특징은 크게 4가지로 볼 수 있어요.

　먼저, 미래 사회 변화에 대응할 수 있는 기본적인 소양과 역량을 키울 수 있는 교육과정입니다. 학교에서 배운 것이 아이들의 앞으로의 삶으로 이어져야 하는 거죠. 아무리 사회가 변화한다고 하더라도 학습의 기반은 언어와 수리입니다. 거기에 기술의 발전과 디지털 기기의 도입으로 디지털 소양까지 필요해졌습니다. 이세 가지는 특정한 교과에서만 다루는 것이 아니라 전 교과에 걸쳐 필요한 소양으로 교육될 예정입니다.

　두 번째로, 학습자의 지속적인 성장과 삶을 지원하는 맞춤형 교육과정이 도입되었어요. 가장 큰 예가 바로 '고교학점제'입니다. 학습자 스스로 목적의식을 가지고 자신의 진로와 적성을 바탕으로 무엇을 어떻게 배울지 주도적으로 교육과정을 설계하기 위해서입니다. 미래 사회 변화에 주체가 되기 위해서 무엇보다 자기 삶과 학습을 주도적으로 구성하는 능력이 필요하다고 보는 거죠.

　세 번째로, 지역과 학교의 교육과정에 자율성과 책임을 부여했습니다. 어느 정도 국가에서 제시하는 교육과정도 필요하지만, 지역과 학교에 따라 수정되거나 보완되어야 할 부분도 있습니다. 그래서 학교마다 '학교 자율 과제'를 정하게 되었는데요, 교사는 물론, 학생과 학부모의 의견을 모아 학교에서 필요한 과제를 학교 교육과정에 포함하는 거죠. 학교마다 학부모의 의견을 묻는 조사를 하고 있으니 안내가 있을 때 적극적으로 제시를 하면 좋을 듯합니다.

마지막으로 디지털·AI 교육환경에 맞는 수업과 평가가 확대될 예정입니다. 코로나19의 영향으로 구축된 온라인 환경과 학습 도구를 교실에서 활용하게 되었습니다. 가장 눈에 띄는 변화는 학생의 디지털 역량 함양이 충실히 이루어질 수 있도록 정보 수업 시간이 2배로 확대되었다는 점입니다. 초등학교의 경우 17시간에서 34시간 이상으로, 중학교는 34시간에서 68시간 이상으로 늘어났지요(일주일에 한 번 하는 수업이 두 번으로 늘어났다는 의미입니다). 고등학교는 진로와 적성에 따라 정보 교과가 신설됩니다. 그뿐만 아니라 국어의 디지털·미디어 역량 및 매체, 사회의 지리·정보와 매체 활용, 미디어 메시지 분석과 생산, 디지털 금융서비스, 과학 과목에서는 데이터의 이해와 활용, 디지털 탐구 도구의 이해와 활용처럼 교과 전반에 디지털 소양을 키우기 위한 내용이 반영될 예정입니다.

고교학점제 엿보기

2022 교육과정의 가장 큰 이슈는 고교학점제입니다. 대학 교육과정에 있었던 '학점'이 고등학교에 도입되어 스스로 과목을 신청하여 개인 시간표를 설계해야 한다는 점은 학생은 물론 학부모에

게도 부담으로 작용했기 때문입니다. 아무리 학생 개인에게 적합한 과목을 선택하여 개인에게 맞는 맞춤형 수업을 위함이라지만 대학 입시를 위해 따로 전략을 짜야 하는 건 아닌지 생각하는 것이 부모의 솔직한 심정이거든요.

고교학점제는 2020년부터 마이스터고에서 시작되어, 2022년에는 특성화고와 일부 일반계고에서 부분적으로 도입되었습니다. 그리고 2025년에는 전체 고등학교에서 본격적으로 시행될 예정입니다. 이미 일부 학교에서 시작되었고, 앞으로 전 고등학교로 확대될 예정이기 때문에 막연하게 두려워하기보다는 어떠한 제도이며, 어떻게 운영되는지에 대해 전반적인 이해가 필요한 시기입니다.

2022 교육과정의 핵심 가치 중 하나는 바로 '자기 주도성'입니다. 자신의 진로와 삶을 개척하는 자기 주도적인 사람을, 추구하는 인간상의 하나로 내세웠지요. 고교학점제는 이러한 가치를 실현하기 위한 제도입니다.

고교학점제란?

학생이 기초 소양과 기본 학력을 바탕으로 진로·적성에 따라 과목을 선택하고, 이수 기준에 도달한 과목에 대해 학점을 취득·누적하여 졸업하는 제도 고교학점제는 우선 고등학교에서 학생 수요를 반영한 교육과정을 편성합니다. 학교마다 교육과정이 다를 수 있겠지요. 학생들은 교사와 함께 자신의 진로와 학습을 설계하여 개설된 과목 중 원하는 과목을 신청하여 시간표를 짭니다. 학생 개인만의 시간표를 만드는 거죠. 그리고 그 시간표에 따라 수업에 참여합니다. 선택한 과목 수업에 2/3이상 출석하고 학업 성취율이 40%이면 이수하게 됩니다. 고등학교 3년간 최소 192학점을 이수하면 고등학교를 졸업할 수 있습니다.

학교별로 교육과정이 다르고 학교 상황이나 학생 수요에 따라 교육과정이 달라질 수 있기 때문에 진학하고자 하는 고등학교의 교육과정을 미리 확인하는 것이 필요합니다. 아이가 배우고 싶어 하는 과목이 있는 학교를 선택하는 것이 좋겠지요.

친구와 같은 과목을 선택하더라도 다른 반이 될 수 있고, 신청자가 적거나 학교 사정으로 원하는 과목이 개설되지 않을 경우 그 과목이 있는 다른 학교나 온라인으로 수업을 들어야 할 수도 있습니다. 아이들의 자율과 책임이 따르는 부분이죠.

중학교 생활에서는 앞으로 고교학점제에 적응할 수 있는 아이의 모습을 키우는 것이 중요합니다. 자유 학기 때 스스로 주제 수업을 선택하고, 교실을 이동하여 수업에 참여하는 연습, 학습 계획을 스스로 세우고 다양한 수행 평가 방식에 익숙해지는 연습,

무엇보다 학교 생활에 성실하게 임하는 태도는 아무리 교육과정이 변하더라도 기본적으로 갖추어야 할 자세입니다.

중학교 첫 학기,
똑똑 활용법

자유 학년제가 학기제로 축소되고 2022 교육과정이 처음 시행되면서 사교육 시장의 홍보도 한층 업그레이드되었습니다. '논술형 평가 미리 준비하기' '중1 성적, 대입을 좌우한다.' '2022 교육과정 맞춤형 수업' 등 중학교 1학년 시기에 집중적인 선행을 부추깁니다. 실제 교육과정의 목표와 다른 방향의 광고 문구를 볼 때마다 아이와 부모의 불안과 혼란은 깊어지고 있습니다.

하지만 현재 학년을 위한 학교 수업보다 내년 학년, 나아가 상급 학교 대비를 위한 학원 수업에 열정을 쏟고, 학원 숙제에 지쳐 학교 수업과 활동에 제대로 참여하지 못하는 것은 하나를 얻고 둘 또는 셋을 잃는 것입니다.

자유 학기 동안 아이가 어떤 것에 집중하여 탄탄하게 실력을 쌓아 가면 좋을지에 대해 생각해 보겠습니다.

기초 학력 단단히 다지기

읽기reading, 쓰기writing, 셈하기arithmetics 3R, 즉, 기초 학력을 단단하게 해야 합니다. 기초가 탄탄한 학생은 선행하지 않더라도 자유 학기 수업에서 더욱 빛을 발할 수 있습니다. 수학 개념이 잘 잡혀 있으면 생활 속에서 수학적 요소를 찾는 수업에 훨씬 적응을 잘 할 거고요. 기본 읽기 자료를 잘 이해하는 학생은 좀 더 길어진 지문에도 금세 익숙해질 겁니다. 초등학교 영어단어를 모두 익힌 아이들이 그렇지 않은 학생들보다 문장을 쓰거나 단어를 활용하는

국가기초학력지원센터

능력이 뛰어나겠지요.

자유 학기는 초등학교에서 배운 기초 지식과 중학교 교과에서 배우는 내용을 바탕으로 생활 속에서 활용하는 활동이 많습니다. 아는 만큼 보인다고 하지요. 아는 만큼 배울 수 있는 것이 자유 학기 수업입니다. 중학교 1학년 첫 학기에는 선행보다 초등학교에서 배운 모든 지식을 단단하게 하고 이를 바탕으로 중학교 수업에 적용할 수 있도록 도와주세요. 국가기초학력지원센터에서 자녀의 기초 학력을 진단하고 보충할 수 있습니다. 기초 학력을 단단히 하기 위해서는 학교의 방과 후 수업이나 그에 맞는 학원 선택도 중요하지만, 부모님의 관심과 지속적인 지원이 더 필요합니다.

독서

시간적 여유가 있는 자유 학기 기간을 활용하여 다양한 분야의 독서를 되도록 많이 하게 해주세요. 중학교 학생들과 이야기를 나누다 보면 책을 많이 읽었다는 학생들도 그 주제가 과학과 역사, 비문학 지문이나 지식 위주의 독서에 편중된 경우가 많습니다. 자유 학기 수업은 교과는 물론 창의적 체험 활동에서 경험하는 모든 활동이 깊은 수준으로 통합됩니다. 경제, 민주 시민, 인권, 평화, 인성, 안전, 환경, 미술사, 음악사, 건축과 같은 주제가 모두 자유 학기 수업이 될 수 있습니다. 다양한 분야의 책을 읽어도 좋고, 자녀가 다니는 학교에 개설되는 자유 학기 프로그램과 관련된 주제의 책을 읽는 것도 유익합니다.

중학교 1학년은 독서에 많은 시간을 할애할 수 있는 학년입니다. 정기 고사, 내신 성적, 수행 평가의 부담이 2, 3학년에 비해 적기 때문에 시간과 마음의 여유가 있는 1학년 기간 동안 깊고 넓은 독서를 경험하게 돕는 것을 추천합니다.

기초체력

기초체력을 키워 주세요. 뜬금없이 웬 체력이냐고요? 공부할 시간도 부족한데 체력을 다질 시간이 어디 있냐고 생각하겠지만 체력이 곧 집중력입니다. 집중력은 성적이 됩니다. 초등학교에 비해 긴 시간 수업을 듣고, 많은 과제를 준비하고 평가에 임하다 보면 집중력 정도에 따라 학교생활의 질이 달라지고 평가의 결과가 달라지는 건 당연한 일입니다.

중학교 수업은 45분입니다. 자유 학기 수업은 2교시를 한 번에 하는 경우가 많아 90분간 집중해야 합니다. 학생의 활동이 주를 이루는 수업이라면 쉬는 시간 없이 진행되는 경우도 많습니다. 게다가 조별 활동이나 발표가 많다 보니 직접 움직이거나 말하는 수업이 많지요. 아이디어를 짜내고, 과제물을 만들고, 발표하는 것은 굉장한 집중력과 에너지가 필요한 일이지요. 주제 수업의 종류에 따라 2시간 동안 뛰고, 춤출 수 있어요. 진로 체험이 있는 날에는 4시간 내내 활동을 하고요. 그냥 책상에 앉아서 듣기만 해도 수업을 할 수 있던 일반 교과수업과는 사용하는 에너지의 정도가 다릅니다. 피곤하고 배고프고 졸린 아이들에게는 자유 학기 수업이 그저 귀찮게 느껴질 뿐이에요.

수행 평가에 적응하기

중학교에 입학한 아이들이 가장 힘들어하며 많은 시간을 쏟는 건 과목별로 정신없이 쏟아지는 수행 평가입니다. 다행스러운 점이라면 자유 학기 기간의 수행 평가 결과는 내신 성적에 반영되지 않는다는 점이죠. 내신 성적에 반영되는 1학년의 한 학기(1학기가 자유 학기이면 2학기, 2학기가 자유 학기이면 1학기), 2, 3학년의 수행 평가를 앞둔 1학년 자유 학기 기간을 중학교 수행 평가 제도에 익숙해지는 시간으로 활용해 보세요.

중학교의 첫 학기 동안 아이는 과목별로 어떤 유형의 수행 평가가 출제되는지 스스로 기억하고, 확인하고, 일정에 맞추어 준비하고, 준비한 대로 답안을 작성하는 과정을 수없이 경험하게 됩니다. 자연스럽게 수행 평가라는 평가 제도에 익숙해지는 기간이죠. 연습 경기 혹은 공연의 리허설이랄까요?

쏟아지는 수행 평가에 힘들어하는 아이를 보며 안타까운 마음이 들겠지만 크게 걱정하지 않아도 됩니다. 중학교의 수행 평가를 처음으로 경험하는 1학년 1학기가 가장 힘들고 시간이 오래 걸리고, 2학기와 2학년, 3학년에는 처음보다 훨씬 익숙해집니다. 이 기간에 경험하는 모든 어려움은 2, 3학년의 학교생활을 위한 귀한 약이라는 걸 기억하세요.

진로 탐색을 위한 최적의 기회

자유 학기제의 교육과정에는 다양한 진로 탐색의 기회가 포함되어 있습니다. 이런 기회는 초, 중, 고등학교를 통틀어 오직 한 번이기 때문에 이 시간을 잘 활용하여 아이가 진로를 발견하여 공부에 동기와 흥미를 찾아가는 기회로 잡아 보기를 추천합니다. 코로나19를 겪으면서 실제적인 진로 탐색 경험을 하지 못했던 기간을 제외하고는, 자유 학기제를 경험한 학생들의 상당수가 자유 학년제 기간을 지내면서 진로 탐색의 경험이 색다르고 도움이 되었다고 합니다. 그리고 자유 학기 도입 초기에 비해 지역 사회와 연계한 프로그램이 훨씬 다양해져서 아이들이 실제로 경험하는 기회가 많아졌습니다.

다음의 기사를 확인해 보세요.

신탄진중학교는 학교와 마을이 함께 학생 성장을 지원하는 '꿈 틔우미美' 진로교육 체험활동을 실시했다고 12일 밝혔다.

지난 10일부터 12일까지 3일간 신탄진중 1학년 전체 학생 140명이 학교 주변 기(업)관과 업소 등 37개 체험처를 찾아 진로교육을 체험했다.

체험처는 이엘치과병원, KT신탄진지점, 덕암119소방안전센터, 동물병원, 어린이집 등 진로교육과 관련된 희망처를 선정해 학생별 2곳을 체험하도록 했다.

학생들은 진로 체험에 앞서 목적과 안전교육, 업소 방문 예절, 직업인 인터뷰, 사후 정리 등 사전 교육을 받았다. 이어 진로 교사와 담임, 교장, 교감, 학부모를 비롯한 도우미 10여 명이 동행해 인솔했다.

이번 활동을 통해 향후 신탄진중 학생들은 사진과 영상 등이 포함된 보고서와 소감을 SNS를 통해 공유하고, 자료들을 모아 디지털북으로 제작·출판할 계획이다.

헤어샵 최영은 원장은 "사실 너무 바빠서 은근히 부담됐는데 초롱초롱한 눈망울로 한시도 시선을 떼지 않고 집중하는 학생들의 모습 때문에 시간 가는 줄 몰랐다."고 말했다.

체험에 참여한 학생은 "동물병원에 우리집 강아지를 데리고 가서 검사도 받고 원장님과 애완동물에 대한 얘기를 나누면서 수의

사의 꿈을 키울 수 있는 시간이었다."고 전했다.

신탄진중 이재홍 교장은 "이번 활동은 학교와 마을이 함께 아이들의 성장을 지원함으로써 지역사회를 이해하고 소속감과 자긍심을 지닌 지역인재를 양성하기 위한 특색 프로그램"이라며 "학생들이 자기주도적 진로 설계 능력을 배양하는 계기가 되길 바란다."고 밝혔다.

한편 신탄진중은 매년 대전시교육청 '창의인재씨앗학교'와 '자유 학기제' 프로그램 등을 통해 마을교육 공동체 진로 체험을 실시해 오고 있다.

출처: 충남일보(http://www.chungnamilbo.co.kr)

CHAPTER 4

과목별 평가 유형
& 성적 산정,
이렇게 달라져요

자유 학기를 경험하는 중학교 1학년을 향한 가장 큰 오해는
1년 내내 아예 평가가 없고, 성적표도 없다고 생각하는 점입니다.
평가가 없으니 교과 수업을 제대로 운영하지 않을 것이고 그래서
1년 내내 아이들이 놀기만 하여 학력이 떨어질까 걱정합니다.
본격적인 입시가 시작된 것만 같은 비장함을 느끼는 중학생 부모라면
모두 비슷한 마음일 겁니다. 이런 오해에는 그럴 만한 이유가 있는데,
우리 부모 세대는 '일제고사(중간, 기말고사) = 평가'였기 때문이에요.
하지만 자유 학기 기간에도 모든 과목의 평가는 정상적으로
착착 이뤄지고 있습니다. 자유 학기가 아닌 기간에는 2학년과
3학년처럼 중간, 기말고사라는 형식의 정기 고사도 보고 내신에도
반영될 예정입니다. 초등에 비해 늘어난 과목과 깊어진 내용을
다양한 방식의 평가로 치르고 있는 것이죠. 학교 수업만 착실하게

들어도 어느 정도 괜찮은 평가를 받을 수 있었고, 성적이 좀 애매해도 기록에 남지 않았던 초등학교와는 느낌이 확 다릅니다. 초등학교보다 교과의 수준과 양이 높아지고 모든 교과를 평가하기 때문에 학교 수업에 집중하지 않고, 집에서 스스로 공부하는 시간을 확보하지 않는다면 좋은 결과를 얻기 어렵습니다. 과목별 평가 유형을 알아 대비하고 평소에 성실하게 준비했느냐 안 했느냐에 따라 결과 차이가 엄청납니다.

그래서 이번 장에서는 중학교 3년 동안의 과목별 평가 유형과 성적 산정에 관한 알짜 정보와 그에 대비한 준비 방법에 관해 알려 드리려고 합니다.
긴장 풀고, 출발!

평가 방식
이렇게 달라져요

    2015 교육과정은 물론 2022 개정 교육과정에서도 학습 후에 도달해야 할 일정한 수준의 교과 지식뿐만이 아니라 그 과정에서 익혀야 하는 역량도 중시합니다. 시험으로만 측정했던 학습 결과와 더불어 수업 과정 참여와 수업을 통해서 느끼고 배운 점, 함께하는 동료들과 협력하면서 이루는 성과를 중요한 학습 성과로 측정합니다. 학교 수업에서 이루어지는 토론 학습, 협력 학습, 프로젝트 학습의 과정에 참여하고 수시 평가, 수행평가, 관찰 평가를 통해서 과정평가를 확대 적용한다는 점도 기억해야 합니다. 알고 있는지 모르는지를 평가하는 것뿐만 아니라 얼마나 열심히 참여했고 바른 태도로 임했는지가 점수로 환산된다는 의미입니다.

평가 관련 용어

중등 아이의 학교생활과 평가를 돕는 첫 단추는 용어에 관한 이해입니다. 이번 학년도의 평가가 어떤 항목들이며 그 항목들이 아이의 어떤 부분에 어떻게 반영되는지를 알아야 도움을 주기 쉽습니다.

중학교 평가 관련 용어

용어	의미
수행평가	학생이 학습 과제를 수행하는 과정이나 결과를 통해 그 학생의 실력을 평가하는 방식. 학생의 실력을 답 맞히는 것으로 평가하지 않고, 배운 지식을 표현할 수 있도록 다양한 방법으로 평가한다. 수업 중 발표, 토론, 과제 등 모든 과정이 평가의 대상이 된다.
지필평가	연필이나 펜으로 답을 고르거나 쓰는 형식의 평가. 시험지가 있으며 답안 작성은 OMR 카드에 표시한다.
자유 학기 활동 평가(1학년)	일반교과는 교과별 성취 기준 달성 여부가 서술형으로 기록되며, 자유 학기 활동 영역인 주제와 진로 활동은 프로그램명과 함께 개별 활동 상황이 서술형으로 기록된다.
내신 성적(2, 3학년)	교과영역 : 중간·기말고사 + 수행평가 + 예체능교과 비교과영역 : 출결 + 봉사 + 학교활동

평가 계획 공지

모든 선생님은 첫 시간 수업에서 이번 학기의 평가 계획을 공지합니다. 1, 2, 3학년 모두에게 이번 학기의 수행평가는 어떤 내용을 실시하는지, 대략적인 시기는 언제인지 공지하며, 2, 3학년에게는 중간, 기말고사 등의 정기 지필고사를 언제, 몇 회 실시하는지에 관한 안내를 하죠. 수행평가는 과정 중심 평가이기 때문에 특정한 시기를 정하지 않고, 수업 시간에 수시로 평가하기도 합니다. 이것 역시 어떤 방식으로 진행할 것인지에 관해 첫 시간에 미리 공지합니다. 그리고 예고했던 수행평가가 1, 2주 앞으로 다가올 즈음 이번 평가의 날짜, 내용, 평가 기준을 상세하게 적어 교실의 게시판에 게시해 둡니다. 안내를 듣고, 보면서 준비하고 챙기는 건 결국 아이의 몫이지요.

중학교 1학년 담임으로 근무하다 보면 학부모의 항의를 듣고는 속상하고 억울한 마음이 들 때도 있는데, 대표적인 게 평가 안내에 관한 오해입니다. 평가에 대해 안내받은 적이 없고, 무엇을 어떤 식으로 평가하는지 전혀 안내받은 적이 없다며 항의하는 학부모 때문입니다. 심지어 반 친구들과 같은 시간, 같은 교실에서 설명을 들었던 아이까지도 '평가 안내를 못 들었다.', '안내가 없어서 전혀 모르고 있었다.'라는 말을 합니다. 학기 첫날부터 평가 당일까지도 수시로, 굉장히 자주 안내하는데 말입니다.

중학교의 평가 방식

중학교 3년 동안, 학년별로 어떤 평가 방식의 적용을 받는지 살펴보려 합니다. 1학년의 평가 방식을 2, 3학년의 평가 방식과 비교해보면 곧 다가올 2학년을 대비하는 데에 도움이 될 거예요. 또 평가가 아예 없다는 자유 학기에 관한 오해도 풀릴 거고요.

중학교의 평가는 크게 중간·기말고사와 같은 지필평가와 수행 평가, 두 가지로 구분되며 이 두 가지의 결과를 합산하여 내신 성적의 등급을 매기게 됩니다. 일반 교과는 5등급(A, B, C, D, E), 예체능 교과(음악, 미술, 체육)은 3등급(A, B, C)로 표시됩니다. 중학교 1학년 자유 학기에는 등급으로 표시되지 않으며 내신 성적에 포함되지 않습니다. 하지만 수업과 활동에 대한 평가가 서술형으로 기록됩니다. 그리고 자유 학기가 아닌 학기에는 2, 3학년과 마찬가지로 지필고사가 실시되어 등급으로 기록되고 내신 성적에도 반영이 됩니다.

중학교 학년별 평가 방식

단계	1학년	2학년	3학년
수행평가	전 과목 실시	전 과목 실시	전 과목 실시
지필평가	자유 학기에는 없음 자유 학기 아닌 학기에는 있음	실시	실시
자유 학기 평가	해당 학기	없음	없음
평가 결과	자유 학기 아닌 학기 등급 산정	등급 산정	등급 산정
내신 성적에 반영	자유 학기 아닌 학기의 성적 반영	등급 반영	등급 반영

수행평가
이렇게 대비해요

　중학교 1학년 아이들을 가장 힘들고 바쁘게 만드는 건 과목별로 쏟아지는 수행평가입니다. 미리 알고 준비하면 해 볼 만합니다. 1학년의 한 학기 정도의 수행평가 성적은 내신에 반영되지 않으니 충분한 연습과 경험으로 삼으면 유익합니다.

　중학교의 수행평가에 대해 과목별로 하나씩 살펴보겠습니다.

> **수행평가**
>
> 학생이 학습 과제를 수행하는 과정이나 결과를 통해 그 학생의 실력을 평가하는 방식. 문제의 정답을 맞히는 것으로 학생의 실력을 평가하지 않고, 지식을 표현할 수 있도록 다양한 방법을 통해 평가한다. 수업 과정에서 발표, 토론, 태도의 모든 과정이 평가의 대상이 된다.

중학교 내신 성적을 구성하는 두 가지의 평가 중 수행평가의 비중이 갈수록 높아지고 있습니다. 자유 학기제 기간인 한 학기를 보내는 동안 가장 열심히 경험하고 준비해야 할 부분이 바로 수행평가인 이유입니다. 물론, 1학년 일 년 중 한 학기 성적은 내신 성적에 반영되지 않지만 곧 다가올 2, 3학년에도 비슷하거나 더 어려운 종류의 수행평가를 해내야 한다는 것을 염두에 둔다면 1학년의 평가를 결코 소홀히 할 수 없습니다.

지필고사처럼 내용을 암기하거나 문제를 푸는 형태가 아니기 때문에 간혹 수행평가는 시험이 아니라고 여기는 학생들도 있긴 합니다만 수행평가 역시 배운 내용을 확인하는 정규 평가 과정이고 2학년부터는 이 모든 수행평가의 결과가 고입 내신에 반영되기 때문에 1학년이라고 가볍게 여길 건 아니라고 생각합니다.

수행평가, 언제 보나요?

수행평가는 보통 지필고사가 없는 3월, 5월, 6월, 9월, 11월에 실시하는 경우가 많습니다. 그래서 해마다 이 기간에 교실 칠판과 게시판에 과목별 수행평가 일정에 관한 안내가 빼곡합니다. 아이가 중학교에 입학해 보니 1년 내내 평가 중이라는 말이 괜한 엄살은 아닌 듯합니다.

수행평가는 과목마다 시기와 방법이 다르며, 보통 한 과목당

두 개 이상의 영역에서 평가합니다. 평가를 위한 일정을 따로 잡는 건 아니고, 예정된 날짜에 해당 과목의 수업 시간을 할애하는 것이 보통입니다.

중, 고등학교의 특성상 과목마다 담당 선생님이 다르고 반별로 시간표가 다르기 때문에 과목 간의 수행평가 일정을 조율하기는 어려운 것이 현실입니다. 서너 과목의 수행평가가 같은 날 겹치는 바람에 준비하느라 고생하는 일도 종종 생기고요. 그래서 평가 일정을 미리 기억하여 시간 날 때마다 준비해 두고, 평가 전날 몰아서 준비하기보다 시간을 계획하고 배정하는 습관을 길러 두는 것이 핵심입니다.

수행평가의 두 가지 유형

수행평가는 크게 수업 시간의 학습 과정, 태도에 관한 평가와 수업 후 과제로 제출하는 형태의 두 가지 유형이 있습니다.

수업 시간의 학습 과정과 태도에 관한 평가는 평가 문항을 1, 2주 전에 미리 알려 주고 준비해 오도록 유도하는 경우가 많아 과제의 형태로 제시되지 않았을 뿐 평가에 대비하기 위해서는 결국 미리 자료를 찾은 후 답안지에 쓸 내용을 정리해 보는 준비가 요구됩니다.

또, 2020학년 이후부터 모든 중, 고등 수행평가는 학교에서 수업 시간 안에서만 이루어지도록 하는 지침이 내려졌음에도 여전히 일부 지역 학교의 일부 교과에서는 집에서 과제로 해 온 후 제출하는 형태의 평가도 병행되고 있는 게 현실입니다.

학교 수업이 최고의 전략인 이유

수행평가의 점수를 위해 선행 학습과 학원을 먼저 생각하겠지만 가장 중요한 것은 학교 수업과 교과서입니다. 너무 진부한가요? 교과의 평가는 단순합니다. 평가 문항을 제출하는 교과 담당 교사는 교과서를 바탕으로 하여 수업 시간에 가르친 내용을 기반으로 하기 때문입니다. 수업 시간에 가르치지 않은 내용은 시험에 낼 수도 없고, 내지도 않고, 평가할 수도 없습니다. 수업 시간에 가르치지 않은 영역에서 평가 문항을 제출하지 않습니다.

절대평가? 상대평가?

중학교의 수행평가는 절대평가고 고등학교는 상대평가입니다. 즉, 성실하게 완성도를 높이는 것에 집중하며 평가 기준에 부합하는 답을 적어 내면 반의 모든 아이가 높은 점수를 받게 될 가능성이 큽니다. 제시된 조건에 맞추어 성실하게 적어 낸 답안을 두고 굳이 감점 요소를 찾는 분위기도 사라지고 있습니다.

옆에 있는 친구를 이기기 위한 과도하고 완벽한 준비, 경쟁, 비교보다는 제시된 평가 조건을 준비하고 해결해 가는 과정을 통한 문해력, 사고력, 문제해결력, 자기 조절력, 자기 주도성 등의 진짜 실력을 쌓아 가는 것이 중요한 시기라는 의미입니다.

수행평가 준비 전략

① 평가 일정 기억하기

수행평가를 잘하기 위해서는 무엇보다 수행평가 일정을 정확하게 기억해야 합니다. 물론 매년 학기 초가 되면 어느 과목의 수행평가가 언제, 어떤 내용, 어떤 방식으로 치러지는지에 관한 평가 계획이 홈페이지에 게시됩니다. 학생들에게도 모두 안내되지만 학기 중 상시로 진행되는 수행평가의 특성상 자칫하면 일정을 놓치거나 혼동하는 경우가 종종 생깁니다. 평가에 관한 안내를 참고하여 스스로 준비하는 습관을 1학년 때부터 들여놓는 것이 좋습니다.

② 평가 내용 준비하고 연습하기

1학년들은 이렇게 스스로 평가 일정을 챙기고 준비하는 것에 익숙하지 않을 수 있기 때문에 탁상 달력, 스터디 플래너, 다이어리 등에 평가 날짜, 주제 등을 메모하는 습관을 들이는 게 좋습니다. 이번 주에 있을 평가를 어느 정도, 어떤 식으로 준비하고 있는지 대화를 나누어 보는 것도 좋아요. 전혀 개입하지 말아 달라고 요구하는 주도적인 성향의 아이도 있지만, 준비하기 귀찮고 힘들어서 마음만 무거워하는 아이들도 꽤 많거든요.

아이와 평가 준비에 관한 대화를 나누다 보면 어느 정도의 책임감을 갖고 준비하는지 파악이 되어 아이에 대해 알 수 있고, 정식은 아니지만 어느 정도라도 한 번 연습해 보는 기회가 될 수 있거든요. 예를 들어 구술 평가(말하기)를 준비한다면 발표할 내용을 집에서 소리 내어 연습해 보고, 보고서를 작성하는 평가라면 보고서에 담을 내용을 미리 정리해 보는 것이 당연히 유리할 수밖에 없습니다.

③ 평가 기준, 조건 확인하기

수행평가의 평가 기준 또는 주어진 조건을 제대로 파악해야 합니다. 모든 평가에는 평가 기준과 조건이 있습니다. 예를 들어 영어 쓰기 영역의 평가라면 무작정 영어로 글 한 편을 써내라고 하지 않습니다. '본문에 있는 과거 동사를 활용할 것', '전체 답안의 분량은 다섯 문장 이상 작성할 것', ' I like / don't like 구문을 활용할 것' 등 평가하고자 하는 기준을 분명하게 제시합니다. 아무리 잘 쓴 글, 분량을 많이 쓴 글이라 할지라도 제시된 평가 기준, 조건을 충족시키지 않으면 좋은 점수를 받을 수 없어요. 제시된 평가의 기준이 있었는지를 확인하는 습관도 길러 주세요.

④ 적극적으로 참여하는 태도

수행평가는 지필고사처럼 정해진 시기와 시간에 완벽하게 완성한 결과만으로 평가하지 않습니다. 정답인 것과 정답이 아닌 것으로 구별하는 평가가 아니라, 정답은 아니지만 학생이 시도한 방법과 태도를 반영하여 일부 점수를 인정하기도 합니다.

영어 과목의 말하기 평가도 그렇습니다. 유창한 발음과 수준 높은 표현을 요구하는 것이 아니라 학년에 맞는, 교과서에서 배운 단어와 구문을 활용하는가를 평가합니다. 발음이 안 좋거나 완벽한 문장을 구사하지 못한다고 할지라도 학생들의 시도와 노력이 점수에 반영될 수 있어요. 자신이 없고, 준비하지 못했다고 하더라도 성실하고 적극적인 태도로 수행평가에 참여하는 것이 중요합니다.

⑤ 평가 완료 확인하기

수행평가는 지필평가와는 달리 수시로 실시하다 보니 병결, 개별 체험 학습 등 개인적인 사정으로 평가 당일에 참여하지 못하는 과목이 생기기도 합니다. 그런 경우 따로 일정을 잡아 평가하는데, 이것을 알아서 못 챙기는 아이들도 있습니다.

예를 들어, 손가락을 다친 경우라면 기악 수행평가를 친구들과 같이 치르지 못하고 치료가 끝난 후 따로 평가를 치르기도 합니다. 하지만 치료가 끝난 이후에도 시험을 치르지 않으면 평가 미응시로 최저점으로 기록될 수 있습니다. 중학생이 되면 평가를 챙기지 못한 결과도 고스란히 자기 몫입니다. 참여하지 못한 평가를 담임 선생님이나 교과 선생님이 챙겨 주지 않는다는 점을 기억하여 신경 써 주세요.

과목별 수행평가 문제 유형

다음은 과목별 수행평가 영역의 예시입니다. 아이가 재학 중인 학교에서 이와 비슷한 유형이 출제될 수도 있지만 아닐 가능성도 높습니다. 그래서 아이 학교의 평가 계획을 확인하는 것이 중요합니다. 아이 학교의 수행평가 영역과 일정 등은 학교 홈페이지에서

중등 과목별 수행평가 문제 유형

단계		과목별 수행평가 문제 유형
국어	말하기	토의하기, 나의 주장 발표하기
	쓰기	성장 에세이 쓰기, 품사 노트 만들기, 서평 쓰기, 한 학기 한 권 읽고 독후감 작성하기, UCC 제작, 시 암기, 한 줄 글쓰기, 미래 예측 글쓰기, 시화 그리기, 세시풍속 표현하기, 독후감, 기행문, 감상문을 글의 종류에 따라 빠뜨리지 않고 작성하기
	그리기	시화 그리고 쓰기, 세시풍속을 그림으로 표현하기

영어	듣기	교과서에 나오는 대화문 듣고 빈칸 채우기
	말하기	연극 대사 외우기, 교과서 외워 말하기, 자기소개하기, 친구 소개하기, 자유 주제 작문 후 외워서 발표하기, 영어 랩 부르기
	읽기	영어 독서 프로그램 수행하기, 영어 독서 기록
	쓰기	요리 레시피 만들기, 북 리포트, 포트폴리오, 여행 광고문, 보고서, 기획서 쓰기, 주제 선정해 PPT 자료 만들기
수학		그래프 해석, 개념 정리, 퀴즈, 포트폴리오, 수학 신문 만들기, 풀이 과정 쓰기
도덕		도덕 탐구 활동, 성찰 과제 수행, 도덕적 책임 신문, 인물 리플릿 제작
사회		개념 퀴즈, 토론하기, 자기 주도 노트, 지도 제작, 보고서, 기후 그림일기, 지역 신문, 기후 보고서, 그래프 해석, 인터뷰하기, 추천서 쓰기, 편지 쓰기
역사		역사 인물 사전, 개념 정리 신문, 역사 신문, 보고서
과학		실험, 탐구 보고서, 실험 보고서, 주제 탐구, 마인드맵, 포트폴리오
기술·가정		생애 곡선 그리기, 식생활 개선 프로젝트, 포트폴리오, DIY 제작
음악		독창, 중창, 작사, 작곡, 감상문 쓰기, 리코더 연주, 칼림바 연주, 지휘하기
미술		회화, 조소, 디자인, 미술사 서평 쓰기, 데생, 원근감 표현하기, 이모티콘 그리기, 채도 표현, 명도 표현
체육		체력 활동, 탁구, 배구, 배드민턴, 청소년 체조, 농구, 줄넘기 2단 뛰기, 운동 영상 제작
한문		한자 만들기, 한자 쓰기 연습

확인할 수 있습니다.

중등 수행평가를 위해 무엇을 준비해야 할까?

앞에서 살펴본 다양한 유형의 문제 중 어떤 유형이 우리 아이 학교에서 출제될지는 알 수가 없습니다. 미리 알아서 준비한다고 만족스러운 점수를 얻는다는 보장도 없고요. 이렇게 다양한 유형의 평가가 거의 매주 쏟아지기 때문에 완벽한 준비도 불가능합니다. 실제로 수행평가 준비 때문에 새벽 두 시까지 잠을 못 자는 아이 때문에 애타는 엄마들도 많습니다. 학원에서 수행평가를 준비하고 대비해 주겠지 하며 맡겨 버리는 경우도 많고요.

중등 수행평가 준비의 핵심은 시간 활용입니다. 그러기 위해서 초등학교에서 중등 입학 전에 조금이라도 부지런히 경험해 두면 좋을 것은 컴퓨터 활용(PPT, 한글, 엑셀 등), 글쓰기(서평, 논술, 설명문, 보고서 등), 생활 스포츠(줄넘기, 배드민턴 등), 그리기(꼼꼼하게 그리고 색칠하고 완성하기) 등입니다. 이것들은 단번에 얻어지는 실력이 아니기 때문에 초등학교 때부터 차근차근 하나씩 경험하면서 아이가 너무 낯설어하지 않는 것을 목표로 해 주세요. 그 덕분에 중등 수행평가가 닥쳤을 때 평가 준비에 너무 긴 시간을 쓰지 않으면 성공입니다.

또, 수업 시간에 선생님이 나누어 준 유인물을 잃어버리지 않고 잘 챙기고 수업 시간에 배우는 내용을 알아보기 쉽게 잘 정리하는 습관도 수행평가 답안을 알차게 채우는 데에 도움이 됩니다.

중등 수행평가, 어느 정도나 도와줘야 할까?

중학생 학부모가 되면 수행평가 일정을 받아 와 준비를 위해 끙끙대는 아이를 보며 어디서부터 얼마나 도와줘야 할지 고민되는 순간이 자주 찾아옵니다. 스스로 하도록 내버려 두는 것이 아이를 위한 거라는 생각을 하기도 하고, 조금만 도와주면 시간이 단축되고 결과물도 좋아질 것 같아 하나씩 도와주기도 합니다.

아이가 도움을 청할 때는 가능한 선에서 도움을 주는 것도 나쁘지 않습니다. 하지만 결국 아이가 스스로 해 나가야 하는 과제라는 것을 아이와 부모님 모두 기억하는 것이 중요하죠. 중등의 수행평가는 미리 준비해 온 것을 바탕으로 정리해서 제출하는 형태가 많지만, 고등학교의 수행평가는 사전 예고나 준비 없이 바로 평가하는 경우가 많아지기 때문에 결국 부모님의 도움으로 아슬아슬하게 넘기는 평가 준비는 한계를 만날 수밖에 없습니다. 결국 아이가 스스로 할 일이지만 수행평가라는 것을 처음 겪는 1학년 1학기에는 아이의 요청에 도움을 주겠다는 마음으로 관심을 주는 정도면 적당하리라 생각합니다.

지필고사 준비 전략

 1학년이라고 하더라도 자유 학기가 아닌 학기에는 지필평가가 시작됩니다. (물론 자유 학기제의 운영 기간은 학교마다, 지역마다 다를 수 있으니 확인해야 합니다.) 지필평가는 중간고사, 기말고사로 일 년에 4회, 학기당 2회 실시해요. 학교에 따라서는 학기당 1회만 실시하는 곳도 있습니다. 지필고사는 보통 3, 4일에 걸친 시험 기간을 정

> **지필평가**
>
> 연필이나 펜으로 종이에 답을 쓰는 형식의 평가. 시험지가 있다. 답안 작성은 객관식 문항은 OMR카드에 마킹하고, 주관식 문항은 간단하게 서술하여 작성하는 형식이 보통이다. (연필 혹은 볼펜 사용)

하여 일제히 실시하기 때문에 정기 고사, 일제고사라고도 합니다.

다음은 어느 중학교의 2, 3학년 1학기 지필고사 시험 시간표의 예시입니다.

중학교의 2, 3학년 1학기 지필고사 시험 시간표 (예시)

단계	7월 1일	7월 2일	7월 3일
1교시	국어	수학	자기주도 학습(2학년) 사회(3학년)
2교시	정보(2학년) 중국어(3학년)	역사	기술·가정
3교시	도덕	영어	과학

지필고사 범위

과목마다 차이가 있지만 교과서 한 권을 1년 과정으로 잡았을 때, 1학기 중간고사는 전체의 4분의 1, 기말고사는 2분의 1 정도로 예상해 볼 수 있습니다. 과목에 따라서는 교과서의 단원 차례대로 진도가 나가지 않는 경우도 있고, 아예 특정 단원을 시험에 출제하지 않는 경우도 있습니다. 반대로 교과서에 나와 있지 않지만 선생님이 수업 시간에 보충 또는 심화 내용으로 가르친 자료에서 나올 수도 있기 때문에 수업 시간의 수업 내용과 그 시간의 필기 내용이 무엇보다 가장 중요합니다. 분명한 것은 수업 시간에 다루지 않았던 내용은 지필고사에 출제하지 않는다는 점입니다.

지필고사 문제 유형

지필고사는 크게 선택형과 서술형으로 나눌 수 있습니다. 선택형은 5개의 문항 중 정답을 고르는 유형이고, 서술형은 문장으로 서술하는 유형입니다. 일반적으로 지필고사의 문항은 선택형이 대부분이고 서술형은 10% 내외로 출제되지만 수학 등의 일부 과목에서는 문제 풀이 과정을 적어 내는 서술형의 비중이 점점 높아지는 추세입니다.

지필고사 준비 전략

① 수업에 집중하기

너무도 당연한 이야기지만, 수업 시간에 선생님이 강조하는 것은 그 교과에서 중요한 내용이고 시험에 반드시 출제됩니다. 나름대로는 열심히 공부하는 학생인데 성적이 안 나오는 학생들의 공통점을 살펴보면 교과서의 본문 중에서 어떤 내용이 중요한지를 모르고, 그렇기 때문에 왜 이 내용이 시험에 출제되었는지 모른다는 겁니다.

초등학교 때는 용어와 개념을 외우는 것이 중요합니다. 그러나 중학교 때는 그 개념이 생긴 유래나 배경, 그 용어의 정확한 의미가 무엇이며 어떤 상황에서 활용되는지 등 전반적인 흐름을 알아야 풀 수 있는 문제의 비중이 높아집니다. 수업 시간에 집중하지 않아 놓쳤거나 교과서 내용에 관한 복습이 충분하지 않으면 해결하기 어렵습니다.

중학교의 수업은 초등학교보다 강의식, 설명식 수업의 비중이 높아지다 보니 훨씬 더 높은 집중력을 요구합니다. 초등학교 때는 수업 시간에 졸아 본 적이 없는 아이들도 하나둘 고개를 떨구고 마는 것이 중학교 수업 시간입니다. 지필고사를 잘 보고 싶다면 가장 중요한 것이 매일 듣는 수업이라는 점을 강조해 주세요.

② 교과서와 학습지 꼼꼼히 보기

지필평가는 교과서 내용과 수업 시간에 선생님이 나누어 주신 학습지(프린트물, 유인물)를 중심으로 출제됩니다. 그래서 수업 시간에 필기한 내용이 가장 중요합니다. 학교 수업 시간에 집중하고 교과서 위주로 공부했다는 수능 만점자들의 공부 비법은 거짓이 아닙니다. (물론, 그것 말고 다른 용한 공부법과 적절한 사교육을 병행했겠지만 말이에요.)

수업 시간에 받은 학습지와 교과서 본문을 꼼꼼히 확인한 후에 교과서에 있는 문제를 모두 풀어 보는 것을 지필고사 준비의 기본으로 하세요. 교과서에 나와 있는 문제들은 수업 시간에 선생님과 풀어 보기도 하지만 수업 시간에 풀지 않고 넘어갔다 하더라도 시험 범위에 해당하는 부분이기 때문에 챙겨 보는 것이 좋습니다.

③ 교과서와 같은 출판사의 문제집

교과서를 펴낸 출판사에서 출간된 문제집을 풀어 보세요. 학년과 과목이 같다고 다 같은 문제집이 아닙니다. 출판사별로 교과서마다 구성이 다르고 내용에 차이가 있기 때문에 학교에서 사용하는 교과서의 문제집이 교내 지필고사에 유리합니다. 일반적으로 교과서를 집필하는 저자가 문제집까지 집필하는 경우가 많으니 살 때는 출판사와 저자가 일치하는지 꼼꼼하게 확인하세요.

사실 시중의 문제집에 나온 문제가 학교 지필고사에 똑같이 출제되는 일은 거의 없습니다. 선생님들이 시험 문제를 내고 검토하면서 문제집과 같거나 지나치게 비슷하면 제외하거나 유형, 지문, 형식을 바꾸거든요. 그런데도 문제집 풀이가 도움이 되는 이유는 수업 시간에 배운 것을 정리하고, 교과서 복습을 제대로 했는지 확인하고, 시험 문제와 비슷한 유형을 익히는 데에 유용하기 때문입니다. 교과서와 학습지의 복습이 끝났다면 실전과 비슷한 문제가 담긴 문제집을 시간 내에 풀어 보는 연습을 시작하세요.

④ 시험 준비 계획하기

초등학교의 시험에 비해 과목이 많아졌고, 평가 범위가 넓어졌고, 난이도는 높아졌습니다. 그래서 전략이 필요합니다. 지필고사는 3, 4일간 집중적으로 치르는 평가이기 때문에 벼락치기에는 한계가 있습니다. 하루에 시험 보는 과목이 적어도 두 개 이상인데 하루, 이틀에 훑어보는 것으로는 좋은 성적을 기대하기 어렵습니다. 그래서 정해진 시간 동안 정해진 시험 범위의 내용을 얼마나 확실하게 계획적으로 공부하고 반복했느냐가 관건입니다.

일반적으로 지필고사 3주 전부터는 차근차근 준비를 시작해야 합니다. 물론 친구들의 공부하는 분위기, 아이 본인의 공부에 대한 의지 등에 따라 차이는 있겠지만 빠른 아이들은 3주 전, 늦어도 2주 전에는 준비를 시작하지요. 이번 지필고사의 평가 과목에 해당하는 과목들과 공부량을 확인한 후에 대략 어느 정도의 시간을 할애하면 좋을지, 몇 번 정도 반복하면 좋을지, 교과서와 문제집을 활용하는 비중은 어느 정도로 배분하면 좋을지 등에 관해 스터디 플래너 등을 활용하여 계획해 보세요.

지필고사 유의 사항

시험공부만큼 중요한 것은 시험 규정이나 유의 사항을 잘 지키는 것입니다. 시험에 익숙하지 않아서, 규정을 숙지하지 않아서,

혹은 잊고 있어서, 규정을 지키지 않아 자신의 실력을 평가받지 못하고 억울한 상황을 겪는 아이들도 종종 있거든요.

시험 전날에는 좌석 배치를 하는데, 학교에 따라서는 교실을 이동하기도 합니다. 시험 치기 전에 책상의 낙서를 모두 지워야 하고 서랍도 비워야 합니다. 시험 당일 교실 앞과 뒤에 감독관 2명이 서 있습니다.

시험의 규정은 엄격합니다. 중학교 지필고사에는 연필과 지우개를 사용하지 않습니다. 보기 중 하나를 골라내는 객관식 문항의 답은 OMR카드에 컴퓨터용 사인펜으로 답안을 표시해야 합니다. 답안을 수정할 때는 수정테이프를 사용할 수 있으니 평소에 수정테이프를 자주 사용하며 익숙해지는 게 좋습니다. 주관식과 서술형 문제의 답안은 볼펜으로 작성합니다. 정해진 시간에 답안을 다 채우지 못하거나, 연필로 답안을 썼지만 볼펜과 컴퓨터용 사인펜으로 완성하지 못하면 정답으로 인정받지 못합니다.

시험 규정을 제대로 따르지 않으면 부정행위로 처리되어 해당 과목이 0점이 될 수 있습니다. 남의 답안지를 몰래 보거나 답을 알기 위해 부정한 방법을 사용한 경우뿐만 아니라 규정을 제대로 지키지 않은 것도 부정행위가 됩니다.

그래서 선생님들은 첫 지필고사를 앞둔 학생들에게 시험 볼 때 지켜야 할 수칙을 여러 번 설명하고, OMR 답안 작성을 연습시킵니다. 그래도 놓치는 아이들이 있습니다. 답안을 컴퓨터용 사인펜으로 표시해야 하는데 연필이나 볼펜으로만 표시해서 점수를 받지 못하는 학생도 있고, 시험 시간에 핸드폰을 가지고 있으면 안 되는데 잊고 가지고 있다가 부정행위로 처리되기도 해요. 책상 서랍 안에 시험 과목의 참고서를 넣어 두었다는 사실을 깜빡했다가 0점 처리가 된 경우도 있습니다.

학생에게는 너무 안타까운 일이지만, 중학교의 성적이 고입을 위한 내신 성적에 그대로 반영되기 때문에 엄격하게 관리합니다. 또 지금 보는 지필평가의 모든 과정은 나아가 고등학교, 대학수학능력시험을 위한 연습이기 때문에 시험 규정을 제대로 기억하고 지키기 위해 노력하는 태도는 매우 중요합니다.

반드시 확인해야 할
성적 / 성적표

중학교는 지필평가든 수행평가든 시험을 마친 후 성적을 정확하게 확인하는 것도 학생 개인의 책임입니다. 지필고사와 수행평가를 실시한 후 모든 교과 선생님은 학생들에게 점수를 알려 주고 확인하게 합니다. 이렇게 확인을 시켜도 나중에 확인하지 못했다고 항의하는 아이들이 있어, 확인했다는 의미로 학생들의 서명을 받기도 합니다.

그런데도 성적이 확정되어 성적표가 발급된 뒤에 점수가 이상하다고 재확인을 요청하는 아이들은 언제나 있습니다. 물론 답안 재확인을 통해 채점 상의 오류가 발견되고 점수가 정확하게 매겨지는 것은 중요한 일입니다만 점수가 확정된 이후에 일부 학생

의 성적이 달라지면 일이 커집니다. 과목 평균, 반 평균, 학년 평균
이 달라질 수 있기 때문에 학교 자체의 평가 행정 처리 계획에 차
질이 생기게 되고 이 때문에 성적표가 늦게 나가거나 고등학교의
경우 뒤늦게 달라진 성적 때문에 등급이 달라진 아이들의 원망을
듣기도 합니다.

그런 이유로 지필고사가 끝난 뒤 성적 확인 기간에는 개별적
인 체험 학습 신청을 허가하지 않는 학교도 많습니다. 시험이 끝
났다는 홀가분한 마음에 개별 체험 학습을 신청하여 다녀온 후
성적을 확인하다 오류를 발견해 부랴부랴 다시 성적 처리를 하는
경우가 빈번하거든요.

1학년의 성적표

대부분의 중학교에서는 학기가 끝나는 종업식에 '학교생활 통
지표'를 아이 편이나 우편으로 배부합니다. 중학교 시절, 집으로
배달된 성적표를 부모님이 먼저 보실까 봐 전전긍긍하던 기억이
새롭습니다. 요즘에는 종이 성적표 대신 교육 행정 정보 시스템

성적표 확인하는 방법

나이스 대국민 서비스 접속 → 서비스 선택(학부모 서비스) →
해당 교육청 선택 → 회원가입 → 학적 확인, 자녀 정보 등록 등
→ 인증서 등록 → 조회

(NEIS·나이스) 홈페이지를 통해 간편하게 확인할 수 있습니다.

자유 학기제 성적표는 성적표는 크게 교과와 자유 학기 활동으로 나눌 수 있는데요. 자유 학기제가 시행됐던 학기의 성적표는 교과가 많고 서술형으로 기술되어 있어 2, 3학년에 비해 내용이 많은 편입니다. 직관적으로 표현되는 등급이 아닌 서술형으로 표현되어 있기 때문에 언뜻 읽어 봐서는 아이가 잘했다는 건지, 부족하다는 건지 구분하기 어려울 수 있는데, 중학교 1학년 자유 학기 성적표를 해석하는 방법을 차근차근 알려 드리겠습니다.

1학년 교과 성적표

한 학기를 마칠 때마다 아이는 172쪽 예시와 같은 성적표를 받아 옵니다. 교과 영역은 성취기준을 중심으로 서술되기 때문에 평가 내용과 아이에 관한 평가가 딱딱하게 느껴지고, 한편으로는 평가를 제대로 하지 않은 게 아닐까 하는 의심이 들기도 합니다. 교사에 따라서는 성취기준 이외에 태도나 흥미에 큰 장점이 있어 특이사항을 가진 학생이라고 판단되면 그 장점을 더하여 기록하기도 합니다. 자, 그럼 한번 살펴볼까요?

우리 아이가 영어에서 다음과 비슷한 성적표를 받아 왔다면 이 평가를 어떻게 해석해야 할까요? 먼저 성적표의 용어를 살펴볼게요. '학습 영역'은 그 교과에서 배운 단원이나 활동을 뜻합니

영어 교과 성적표 (예시)

과목	학습 영역	교과 성취 기준
영어	말하기	자신을 소개하는 말을 할 수 있다.
	듣기	어구나 문장을 듣고, 연음, 축약된 소리를 식별할 수 있다.
	읽기	일상생활이나 친숙한 일반적 주제의 글을 읽고 일이나 사건의 순서, 전후 관계를 추론할 수 있다.
	쓰기	간단한 초대, 감사, 축하, 위로, 일기, 편지 등의 글을 쓸 수 있다.
		자신을 소개하는 말을 주어진 어휘와 언어 형식을 참고하여 말할 수 있으며, 어구나 문장을 듣고, 연음, 축약된 소리를 비교적 구별할 수 있음. 일상생활이나 친숙한 일반적 주제의 글을 읽고, 단순한 일이나 사건을 시간적 순서대로 나열할 수 있고 전후 관계를 대략 추론할 수 있음. 주어진 어휘와 예시문을 참고하여 초대를 위한 간단한 문장을 쓸 수 있음.

다. '성취 기준'은 그 학습 영역에서 도달하고자 하는 목표를 말하고요. 이런 형식의 성적표에는 정해진 목표를 어느 정도나 달성했는지 정도만 간단히 기록되기 때문에 이 표를 보면서 우리 아이가 무엇이 부족한지 한눈에 알기는 쉽지 않습니다.

교과 성적표 번역해 드립니다

하지만 이런 식의 성적표를 해마다 작성하는 영어 교사로서 위 학생의 진짜 실력과 평가 항목을 분석해 볼게요.

위 학생의 학교에서는 영어 교과에서 이번 학기 동안 최소 4회 이상의 말하기, 듣기, 읽기, 쓰기 영역의 성취 기준을 정해서 평가

한 것으로 보입니다. 이 학생은 영어 시간에 하는 모든 활동에 비교적 성실하게 참여한 것으로 보입니다만, 밑줄 친 '주어진', '비교적', '단순한', '대략', '간단한'이라는 단어에 주목하여 보자면 단어와 구문을 암기하고 활용하는 데에 조금 어려움이 있는 것 같아요. 듣기 부분에서도 다양한 문장의 연음과 축약된 소리를 완벽하게 구별하지는 못하는 수준으로 보입니다. 영어 문장 쓰기에서도 예시문이 제시되지 않으면 자신의 문장을 쓰는 데 힘들어하는 것으로 보입니다. 그러니까 이 학생은 영어 교과만 놓고 봤을 때 흔히 말하는 최상위권 학생은 아닌 것으로 보입니다.

잘하는 아이의 교과 성적표

그렇다면 모든 부모가 궁금해하는, 잘하는 학생의 영어 성적표에는 어떤 평가의 말이 쓰여 있을까요?

> 자신을 소개하는 말을 다양한 어휘와 언어 형식을 참고하여 말할 수 있으며, 어구나 문장을 듣고, 연음, 축약된 소리를 정확하게 식별할 수 있음. 일상생활이나 친숙한 일반적 주제의 글을 읽고, 복잡한 일이나 사건을 시간적 순서대로 나열할 수 있고 전후 관계를 정확하게 추론할 수 있음. 주어진 상황에 맞고 주변 관계를 고려한 적절한 어휘를 사용하여 초대의 글을 쓸 수 있음.

첫 번째 성적표와의 차이점이 느껴지시나요?

성적표의 본문 속에 담긴 '다양한, 정확하게, 복잡한, 정확하게,

주어진 상황에 맞고 주변 관계를 고려한 적절한 어휘를 사용' 등
의 단어를 눈여겨보면 이 학생의 높은 성취 수준을 대략 짐작할
수 있습니다. 잘하는 아이, 맞습니다.

자유 학기 활동 성적표

자유 학기에는 아이들이 수업 활동에 얼마나 적극적으로 참
여하며, 활동을 통해 무엇을 배우고 성장했는지 변화 과정을 교
사가 평가하지요. 여러 활동 중 특히 흥미를 보이고 적극적이었던
활동을 기록하기도 하고요. 수업 시간에 친구들과 협력하는 태도
나 맡은 역할을 통해 보여 줬던 행동을 기록하기도 합니다. 기록
의 과정은 활동마다 교사마다 다를 수 있어요.

자유 학기 활동 영역 통지표 (예시)

단계	활동 내용
주제 선택 활동	(영어그림책반) 《돼지책》을 영어로 읽고 어머니의 소중함을 깨닫고, 감사의 편지를 영어로 작성함. 그림책 낭독 활동에서 《아낌없이 주는 나무》를 골라 깨끗하고 정확한 발음으로 낭독하였음. 모든 독후 활동에 성실하게 참여함.
진로 활동	행복 진로 체험(2023.06.05.) 중 쇼콜라티에 활동을 하면서 직접 초콜릿을 만들고 포장함. 진로 강연(2023.05.12.)에서 게임개발자의 강연을 듣고 게임의 세계에 대해서 배우고 개발을 위해 노력하는 모습을 알게 되었으며, 본인도 게임을 개발하는 사람이 되어 남녀노소 즐길 수 있는 가볍지만 즐거운 게임을 만들어야겠다고 다짐함.

자유 학기 성적표 번역해 드립니다

사실 자유 학기는 학습자의 장점과 재능을 발견하고, 성장 가능성을 응원하는 것을 추구하기 때문에 부정적인 표현이 거의 없습니다. 부정적인 표현을 쓰느니 아예 그 항목에 대해 언급을 하지 않는 편을 택하는 것이 보통입니다.

위 학생의 성적표를 통해 학교생활을 들여다보자면 자유 학기의 모든 활동에 성실하게 참여했으며 특히 친구를 배려하는 태도가 돋보이네요. '○○ 활동을 하는 데 다소 어려움이 있음', '○○ 활동하는 데 좀 더 적극적인 참여를 보인다면 가능성이 있음' 같은 표현이 있거나 지나치게 평가 내용이 짧은 경우는 그 평가가 적힌 과목이나 영역이 학생의 취약점일 확률이 높습니다.

이런 평가가 담긴 성적표를 받았다면 학생의 취약점을 파악하고 보완하는 정도로 참고하면 충분하며 부족함이 느껴지는 부분에 너무 크게 신경 쓰지 않으셨으면 합니다. 예를 들어 '과제를 완성하는 데 다소 어려움이 있으나 성실하고 끝까지 완성함'이라는 평가에서는 포기하지 않고 '완성'했다는 데 칭찬을 해 줘야 하는 거죠. 성실함이라는 덕목이 세상을 살아가는 데 얼마나 중요한 건지는 모두 잘 알고 있잖아요.

자유 학기 활동 수업과 평가 예시

자유 학기 활동을 평가하는 방법은 다양합니다. 수업 시간 활동 결과물 평가는 당연하고, 체크리스트, 동료 평가, 자기 평가, 과정을 수시로 기록하는 일화 기록법 등 다양한 방법을 사용합니다. 친구들끼리 평가하는 동료 평가와 자기 자신을 평가하는 자기 평가가 신뢰도가 떨어지지 않나 염려할 수도 있습니다만 이 결과를 여과 없이 온전히 반영하여 성적표를 작성하지는 않습니다.

주제 선택 활동의 수업 중 영어 교과와 관련된 '영어 광고 제작'이라는 수업을 진행했는데 그 수업의 평가 과정을 설명해 드릴게요. 먼저, 광고는 형태가 다양합니다. 현대 광고의 대표적인 두 가지 축을 이루는 인쇄 광고와 영상 광고 중 인쇄물 형태의 광고를 제작하기로 했고, 일상에서 흔히 볼 수 있는 광고 포스터를 영어로 만드는 것을 목표로 했습니다.

이 과정에서 아이마다 활동에 참여하는 정도와 과제의 완성도는 아주 다양합니다. 영어로 쓴 부분은 미흡했지만, 포스터의 글자체나 색을 매력적으로 제작한 아이가 있는가 하면 영어 문구를 쓰고 포스터로 제작하는 속도는 느리지만 인내를 가지고 완성해 낸 아이도 있습니다. 또 과제를 완료하지는 못했지만 아이디어만큼은 반짝반짝하게 창의적인 아이와 기가 막힌 홍보 문구로 웃음을 주는 광고를 만들어 낸 아이도 있었습니다. 감사하게도 교과 수업에서는 발견할 수 없었던 학생들의 다양한 장점을 발견한 의미 있는 시간이었습니다. (추가-부모님께서도 가정에서는 미처 알 수 없었던 자녀의 장점을 알게 되는 기회가 되면 좋겠습니다.)

교과 성적표

자유 학기 이후에 받는 성적표는 자유 학기 성적표와 완전히 다릅니다. 서술형 문장으로 기록되어 있어 대략적인 활동과 성취 정도만 눈치챌 수 있었던 자유 학기와 달리 점수와 등급이 직관적으로 표시되어 나오거든요. 하지만 이 성적표에도 답답한 점은 있으니 교과별 점수는 표시되어 있지만 학년, 반에서의 등수는 표시되지 않기 때문에 아이가 받은 점수의 상대적인 위치를 알 수 없다는 점입니다.

중학교의 성적은 절대평가이기 때문에 A, B, C, D, E로 등급을 나누며(음악, 미술, 체육은 A, B, C) 점수는 다음과 같습니다. 원점수는 소수점 첫째 자리에서 반올림하여 계산되기 때문에 한두 문제 차이로 등급이 달라지기도 합니다.

성취도	A	B	C	D	E
원점	100~90	89~80	79~70	69~60	59 이하

그럼, 성적표의 예시를 살펴볼게요.

학기 말 성적표 (예시)

과목	지필/수행	고사/영역별 (반영 비율)	만점	받은 점수	합계	성취도 (수강자수)	원점수/과목 평균 (표준편차)
국어	지필	1회 고사(30%)	100	92.5	97.35	A (208)	97 / 67.5 (12.5)
	지필	2회 고사(30%)	100	92.5			
	지필	서평 쓰기(20%)	100	98			
	수행	품사 노트 만들기(20%)	100	100			
역사	지필	1회 고사(20%)	100	92.5	94.25	A (208)	94 / 85.3 (8.5)
	지필	2회 고사(20%)	100	92.5			
	수행	탐구보고서 (30%)	100	98			
	수행	토의하기(15%)	100	100			
	수행	역사 신문(15%)	100	95			
수학	지필	1회 고사(25%)	100	76	81.83	B (208)	82 / 60 (24.7)
	지필	2회 고사(25%)	100	84.3			
	수행	단원평가(30%)	100	80			
	수행	포트폴리오 (20%)	100	90			

이 예시는 학기의 모든 평가를 마친 후 나오는 기말고사의 성적표로, 중간고사 성적표는 지필고사 성적만 표시되어 있습니다. 자유 학기 성적표와 너무 다르죠?

한 항목씩 꼼꼼하게 살펴볼게요. 우선 과목별로 지필평가와 수행평가가 있는데, 두 가지가 내신 성적에 반영되는 비율은 교과별로 다릅니다. 예를 들면 국어의 경우 전체 성적에서 지필평가 점수는 60%, 수행평가 점수는 40% 반영됩니다. 또, 점수가 같더라도 비율에 따라 성취도에 반영되는 정도가 달라집니다. 요즘은 수행평가의 반영비율이 지필평가보다 높아지고 있습니다.

이 학생 학년의 학생 수는 208명(수강자 수)입니다. 국어 97.35점, 역사 94.25점, 수학 81.83점을 받았네요. 이 점수는 반올림 계산되어 과목별 원점수는 97점, 94점, 82점입니다. 그리고 눈여겨봐야 할 것은 평균과 표준편차입니다. 평균은 해당 과목의 학년 평균입니다. 표준편차는 평균에서 학생들의 성적이 어느 정도 흩어져 있는지를 나타내는 수치입니다. 표준편차가 클수록 평균 점수를 기준으로 점수가 많이 흩어져 있다는 뜻입니다. 예시에서 역사는 표준편차가 8.5인데 수학은 24.7인 것으로 보아 역사는 학생들의 성적이 평균 점수 근처에 모여 있는 데 비해 수학은 성적 차이가 크다고 볼 수 있지요. 시험 문제가 쉬웠거나, 공부를 잘하는 학생이 많은 학교의 경우 표준편차가 낮은 경향을 보입니다. 위 학생은 국어와 역사 과목의 원점수는 겨우 3점밖에 차이가 나지 않지만, 학년의 국어 성적 평균이 역사 성적 평균보다 낮고, 표준편차가 큰 것으로 보아 다른 아이에 비해 국어 성적이 역사 성적보다 훨씬 높은 수준이라고 볼 수 있습니다.

그리고 성적에 관한 전체적인 의견을 적어 보내는 가정통신문입니다. 다음은 한 학기를 마치고 난 학생의 학교생활과 생활 태도를 적은 가정통신문입니다. 이 글은 성적표의 맨 뒷부분에서 확인할 수 있으며 중학교 1, 2, 3학년 모두 같은 형식을 따릅니다.

가정통신문은 담임 선생님이 가정에 안내하는 사항이라고 생

전체 가정통신문

안녕하세요. 교복을 입고 중학교 입학을 한 지 엊그제 같은데 1년이 훌쩍 지나 2학년을 맞이하게 되었습니다. 부모님의 격려와 협조 덕분에 1년 동안 아이들은 다양한 경험을 하고, 협력하면서 배우는 즐거운 한 해를 보냈습니다. 2학년에는 수업과 시험이 많아지고, 고입 내신까지 영향이 가니 심리적, 육체적으로 지치는 순간이 많을 것입니다. 긴 겨울방학 동안 부족한 과목과 체력을 보충하는 시간을 가지도록 지도해 주십시오. 한 해 동안 즐겁고 안전한 학교생활을 할 수 있게 지지하고 격려해 주신 부모님께 감사의 말씀 드립니다.

개별 가정통신문

○○이는 항상 교실에 일찍 들어와서 문을 열고 주변을 돌아보는 학생입니다. 말수는 적으나 친구들의 이야기를 항상 경청하고, 준비물도 잘 빌려주는 배려심이 돋보입니다. 다만, 체력적으로 힘든지 늦잠으로 지각이 5회 정도 있었고, 수업 시간에도 가끔 조는 모습을 발견했습니다. 방학 동안 규칙적인 생활과 운동으로 체력을 보충해서 내년에는 ○○이의 건강한 모습을 만나길 기대합니다. 1년 동안 중학교 생활을 잘 보낸 ○○에게 칭찬과 격려 부탁합니다.

통지표 가정통신문 (예시)

각하시면 됩니다. 전체 가정통신문에는 주로 방학 생활에 대한 안내와 당부를 담고, 개별 가정통신문에는 학생 개인의 생활과 학습에 관한 내용을 담습니다. 요즘 일부 학교에서는 개인별 가정통신문을 작성하지 않는 경우도 많습니다.

개별 가정통신문에는 주로 학생의 생활 태도가 적혀 있습니다. 성실하고 적극적인 태도를 칭찬하기도 하지만, 지각이 잦다거나 수업 태도가 좋지 않아 다른 과목 선생님께 주의를 받는다는 등 부모님이 알고 싶지 않은 아이의 생활을 직접 표현하기도 합니다. 이 공간에서 아이의 부족한 점에 관한 내용이 발견된다면 그런 평가를 받게 된 원인이 되는 행동, 상황에 관해 아이와 대화를 나누어 보는 것이 유익하겠지요.

간혹 이 '개별 가정통신문'을 학교 생활기록부의 '행동 발달 상황'의 기록 내용으로 이해하고 걱정되어 연락하는 부모님이 계시는데, 걱정하지 않아도 됩니다. 이 글은 말 그대로 가정에 안내하는 '가정통신문'이에요. 학교 생활기록부가 아니기 때문에 담임 선생님이 개인 통신문에 적은 내용은 생활기록부에 남지 않아요. 그래서 '개별 가정통신문'의 내용이 성적표 부분에서 가장 솔직한 부분이 아닐까 생각합니다. 선생님들이 기록으로 남는 학교 생활기록부를 작성할 때는 가능한 한 아이의 긍정적인 점을 돋보이게 하는 내용을 담기 위해 노력합니다.

성적 / 내신 등급
산정법

    지역에 따라, 혹은 같은 지역이라고 하더라도 진학하고자 하는 고등학교의 종류에 따라 입시 일정, 전형에 차이가 있습니다. 매년 초(3월경)에 각 시, 도 교육청 홈페이지에 게시되는 '고입 선발 전형 계획'이라는 제목의 자료를 바탕으로 각 학교 홈페이지에 고입 전형이 확정되어 게시되기도 하고, 학부모 총회가 있는 3월이나 10월쯤에는 학교 자체적으로 준비한 진학 설명회가 열리기도 합니다.

    지역마다 내신에 반영하는 비율은 차이가 있지만 반영하는 요소는 비슷합니다. 외국어고, 예술고, 과학고와 같은 특목고는 학교마다 성적산출 방법이 다르기 때문에 특목고 입시를 준비하고 있다면 진학하고자 하는 고등학교 홈페이지에서 신입생 선발 계획을 미리 챙겨 보는 동시에 중학교 담임 선생님이나 교과 담당 선생님께 미리 말씀드려 두는 것이 좋습니다.

고입을 위한 중학교 내신 성적은 크게 교과 활동과 비교과 활동으로 구성됩니다. 반영 비율은 지역마다 다르지만 일반적으로 교과 활동이 전체의 75~80%, 비교과 활동이 20~25% 정도입니다. 예를 들면 2024년 현재, 서울시 교육청은 교과 활동의 비중이 80%, 경기도 교육청은 75%입니다. 교과 활동은 1,2,3학년 성적이 다른 비율로 반영되지만 지역, 학교에 따라서 다를 수 있으니 해당 지역 교육청의 안내를 꼼꼼히 확인해 봐야 합니다.

영역별 내신성적 반영비율 및 점수 (예시)

구분 (반영비율)	교과활동상황(75%)				비교과활동상황(25%)			비고 (100%)
	일반교과(60%)			체육·예술 교과 (15%)	출결 상황	봉사 활동	학교 활동	
	1학년 (6%)	2학년 (24%)	3학년 (30%)		전 학년 (10%)	전 학년 (10%)	전 학년 (5%)	
반영 점수	12점	48점	60점	30점	20점	20점	10점	200점

출처: 2027학년도 경기도 고등학교 입학 내신성적 반영지침 예고안

다음 사이트에서 각 시도교육청의 고입 계획은 물론 전국 모든 종류의 고등학교 입시 정보를 찾아볼 수 있습니다. 교과 활동과

비교과 활동을 하나씩 살펴보겠습니다.

고입정보포털

교과 활동

① 일반 교과

교과 활동의 성적은 지필고사와 수행평가를 모두 포함하여 산출한 결과입니다. 교과는 일반 교과와 예술 교과로 나누어지는데 그중에서도 일반 교과는 각 과목을 5등급(A, B, C, D, E)으로 구분하여 산출합니다. 일반 교과에 해당하는 과목은 국어, 영어, 수학, 사회/역사, 과학, 기술가정, 도덕, 한문, 정보, 일본어/중국어 등입니다.

학년 교과별 교과활동상황 성적 산출법(150점 만점)

구분	학년	학기	기본점수	계산 공식	총점	반영비율
일반교과	1	2	4점	$4 + \dfrac{\text{이수 과목 성취도 합}}{\text{과목수}} \times 0.8 + \dfrac{\text{과목별 원 점수 합}}{\text{과목수}} \times 0.04$	12점 만점	8%
	2	1	8점	$8 + \dfrac{\text{이수 과목 성취도 합}}{\text{과목수}} \times 1.6 + \dfrac{\text{과목별 원 점수 합}}{\text{과목수}} \times 0.08$	48점 만점	32%
	2	2	8점	$8 + \dfrac{\text{이수 과목 성취도 합}}{\text{과목수}} \times 1.6 + \dfrac{\text{과목별 원 점수 합}}{\text{과목수}} \times 0.08$		
	3	1	10점	$10 + \dfrac{\text{이수 과목 성취도 합}}{\text{과목수}} \times 2 + \dfrac{\text{과목별 원 점수 합}}{\text{과목수}} \times 0.1$	60점 만점	40%
	3	2	10점	$10 + \dfrac{\text{이수 과목 성취도 합}}{\text{과목수}} \times 2 + \dfrac{\text{과목별 원 점수 합}}{\text{과목수}} \times 0.1$		
예술체육교과	전 학년		10점	$10 + 20 \times \dfrac{3 \times a + 2 \times b + 1 \times c}{3 \times \text{이수 과목수}}$	30점 만점	20%

출처: 2027학년도 경기도 고등학교 입학 내신성적 반영지침 예고안

② 예술 교과

일반 교과를 제외한 예체능 교과에는 음악, 미술, 체육이 있으며 3등급(A, B, C)으로 평가합니다.

다음과 같은 공식으로 고입 내신을 산출합니다. 학교에서는 고입성적산출프로그램으로 계산하기 때문에 공식까지 기억할 필요는 없습니다.

비교과 활동

① 출결

"우리 아이가 조회 시간은 조금 늦었지만, 1교시 수업은 참여했는데 지각인가요?"

"늦잠을 자는 바람에 조금 늦었는데 봐주시면 안 되나요?"

"종소리를 듣지 못해서 늦었다는데 이런 것도 기록하나요?"

중학교에 근무하다 보면 출석과 관련한 질문을 자주 받습니다. 초등 때와는 다르게 중학교부터는 출석 여부와 종류에 따라 고등학교 입시 내신의 출석 점수가 달라지기 때문이죠.

아파서 수업에 늦거나 결석하는 것, 체험 학습이나 학교 교육과정 내에 있는 외부 활동으로 수업에 참여하지 않는 경우는 출석 감점에 해당하지 않지만 이를 증명할 서류가 꼭 필요합니다. 아파서 결석한다면 출결을 확인이 이루어지기 전인 8시 40분 이전에 전화를 드리거나 문자 메시지를 보내는 것이 좋습니다. 병결(또는 병 지각)을 한 후 등교할 때는 진료확인서, 영수증, 날짜가 기록된 약 봉투, 처방전 중 한 가지를 '결석신고서'라는 양식과 함께 제출해야 합니다. 학교 홈페이지에 양식이 있습니다. 또 교과 선생님이 매시간 출결 확인하므로 수업에 늦거나 들어오지 않는 경우도 모두 기록되지요. 아파서 보건실에 다녀오느라 수업에 늦었다면 보건 교사의 확인증이 필요합니다.

　체험 학습도 마찬가지입니다. 학교장 결재가 있어야 체험 학습을 허가 받기 때문에 일주일 전에 미리 체험 학습 계획서를 제출하여 허가를 받아야 인정됩니다. 체험 학습이 끝난 후 3일 이내에 학교에서 제시하는 양식에 따라 보고서를 작성하여 제출하는 것도 중요합니다. 제출한 보고서 양식이 정확하지 않거나 정해진 분

중학교 출결 종류

종류	설명
결석	학교에 오지 않아 수업에 전혀 참여하지 않은 경우
지각	학교장이 정한 등교 시각까지 출석하지 않은 경우
조퇴	학교에 왔으나 하루 일정을 마치지 못하고 학교를 나가는 경우
결과	수업에 불참하거나 교육 활동을 고의로 방해한 경우

명칭	사유
질병	의사의 진단서 또는 소견서, 학부모 의견서, 처방전 등을 첨부한 경우
인정	체험 학습이나 교육과정에 미리 계획되어 있는 대회의 참가 등으로 학교장의 허가를 미리 받은 경우
기타	부모, 가족 봉양 등 부득이한 개인 사정 및 기타 합당한 사유임을 학교장이 확인한 경우
미인정	위의 사유에 해당하지 않는 경우 (고입 출결 점수에 영향이 있음)

※ 결석, 지각, 조퇴와 관련된 신고서 및 확인서, 체험 학습 허가서 및 보고서 양식은 초등학교의 양식과 거의 유사하지만 학교마다 다르므로 자녀가 다니는 학교의 홈페이지에서 양식을 다운로드 받아 사용하거나 담임 선생님한테 문의하면 됩니다.

량을 채우지 못하면 체험 학습으로 인정받지 못할 수 있으므로 학교에서 요구하는 방식으로 작성하여 제출해야 합니다.

초등학교는 정서상 담임 선생님의 재량에 따라 출석이나 지각을 엄격하게 기록하지 않는 경우가 많습니다. 기록한다고 하더라도 중학교 입학에 불이익이 없기 때문에 크게 신경 쓰지 않는 부모님이 많고요. 그렇다 보니 중학교의 엄격한 출석 규정을 이해하지 못하고, 처음이니 한 번만 봐 달라고 하거나 몰랐으니 이해해 달라고 말하는 분들이 간혹 계십니다. 안타깝게도 중학교부터는 이런 정서나 인정이 통하지 않습니다. 학교에서 정한 규정대로 출결을 엄격하게 처리하고, 매시간 들어오는 교과목 선생님들이 자신의 수업 시간에 교실에 있는 학생들의 출석을 기록하기 때문에 담임 선생님의 재량에 따른 인정이 통할 수가 없어요.

출결은 출석과 결석 여부를 점수화한 부분으로 중학교 전 학년

학년별 결석일 수와 출결 점수 산출

결석일 수	학년당 점수
0일	8점
1~2일	7점
3~4일	6점
5~6일	5점
7일 이상	4점

의 출결 상황이 내신에 반영됩니다. 학년별로 결석, 지각, 조퇴, 결과 횟수를 더하여 결석일 수를 세는데 지각, 조퇴, 결과의 경우 3회를 결석일 수로 계산합니다. '질병', '기타', '인정'과 관련된 결석, 지각, 조퇴, 결과는 감점 요인이 아닙니다. 감점되는 출결은 늦잠으로 학교에 늦게 등교하거나(미인정 지각), 교과 선생님의 허락 없이 수업에 늦거나 들어오지 않는 경우(미인정 결과 혹은 미인정 지각), 담임 선생님의 허락 없이 하교하는 경우(미인정 조퇴) 등을 말합니다.

중학교의 출결 관리가 초등학교보다 서류를 요구하는 경우가 많고, 까다롭게 보이는 이유는 중학교 전체의 출결이 고등학교 입시와 관련되어 있기 때문입니다. 학기 초에 부모님과 학생들에게 여러 번 안내하지만 초등학교와 별반 다르지 않을 거라고 생각하고 무심코 지나는 경우가 많습니다. 고입 내신 성적이 나오고 나서야 성적에 들어가는 줄 몰랐다고 후회하기도 합니다. 출결 부분은 아이들은 물론 부모님께서도 신경을 써야 할 부분입니다.

② 봉사 활동

중학생이라면 지역과 상관없이 중등 3년 동안 최소한으로 이수해야 하는 봉사 시간의 기준이 있습니다. 지역 교육청의 기준에 따라 40시간에서 60시간 정도로 차이가 있습니다. 기존 60시간 정도였던 이수 시간이 코로나19 상황으로 인해 대폭 축소된 지역이 많습니다. 자녀의 봉사 활동 최소 이수 시간은 학교 및 지역 교육청의 안내를 따라야 합니다.

봉사 활동을 계획할 때 무엇보다 유의할 점은 봉사 시간입니다. 과도한 봉사 활동을 막기 위해 학기 중 평일은 1, 2시간(6교시가 있는 날은 2시간, 7교시가 있는 날은 1시간), 수업이 없는 주말이나 공휴일, 방학은 8시간까지만 봉사 활동을 인정하고 있습니다. 간혹 학기 중 조퇴를 하거나 개인 체험 학습 신청을 하고 봉사 활동을 하는 경우가 있는데, 이 경우 봉사 시간이 전혀 인정되지 않습니다. 봉사 활동을 위한 조퇴나 체험 학습 신청은 학교에서 허가할 수 없는 부분이기 때문이지요.

봉사 시간으로 인정되는 봉사 활동의 종류는 크게 두 가지인데, 학교 내 봉사 활동과 개인 외부 봉사 활동입니다.

봉사 활동 연간 이수 시간 및 점수 산출

연간 이수 시간	학년당 점수
15시간 이상	4점
12시간 이상~15시간 미만	3점
12시간 미만	2점

교내 봉사 활동 참가하기

학교 내 봉사 활동은 학교의 계획에 따라 봉사 시간을 부여하는 것으로 봉사 활동 사전 교육이나 학급 물품 관리, 급식 도와주기, 학교 전체 분리수거 등 교내에서 일손이나 도움이 필요한 부분에 봉사하면 부여되는 시간입니다. 학기 초에 학급이나 학교에서 봉사 시간을 부여하는 인원을 뽑으니 지원하면 됩니다.

교외 개별 봉사 활동 참여하기

개인 외부 봉사 활동은 학생들이 봉사하는 장소를 각자 찾아서 한 후 확인을 받으면 인정이 됩니다. 학기 초에 각 학교에서는 학생들에게 봉사 활동 사전 교육을 하고, 외부 봉사 활동을 하는 방법과 관련 사이트를 안내합니다. 안내한 대로 잘 챙기는 학생들도 있지만 그렇지 않은 학생도 있기 때문에 부모님께서 관심을 가지고 챙기는 것이 좋습니다.

외부에서 봉사 활동을 하는 경우 봉사 활동 계획서를 요구하는 학교도 있습니다. 이는 개인 병원이나 아파트 관리소와 같은 봉사 활동이 인정되지 않는 곳에서 봉사 활동을 한 후 시간으로 인정받으려는 것을 막기 위해서입니다. 봉사 활동 계획서, 확인서와 같은 서식은 학교마다 차이가 있으므로 자녀의 학교 홈페이지에서 확인하여 미리 준비했다가 봉사 활동을 할 때 활용하도록 합니다.

아래의 교외 봉사 활동 신청 포털 사이트에 기재된 기관에서 봉사 활동을 하면 별도의 확인서를 학교에 제출하지 않아도 되는데, 봉사 활동 자료가 학교 시스템과 연계되기 때문입니다. 그래서 봉사 활동 사이트에 미리 가입하고, 실적 정보를 연계하는 곳에 동의하면, 해당 기관에서 봉사 활동을 한 뒤 학교 내부 시스템에서 그 기록을 확인할 수 있습니다.

교외 봉사 활동 신청 포털 사이트

이름	주소
1365 자원봉사 포털	www.1365.go.kr
사회복지 자원봉사 인증관리	www.vms.or.kr
청소년자원봉사	www.youth.go.kr

③ 학교 활동

학교 활동 점수는 학교생활 기록부에 기록된 전 학년의 수상 실적이나 임원 활동을 해서 받는 점수입니다. 학년당 모든 학생에게 주어지는 기본 점수가 있고, 수상이나 임원 활동을 하면 가산점을 받지요. 여기서 수상으로 인정받을 수 있는 범위를 기억해야 합니다. 학기 초에 세운 교육 계획에 의해 교내에서 실시한 대회나 행동과 관련하여 받은 상(모범상, 선행상, 봉사상, 환경상 등)을 말합니다. 모든 대회의 수상 실적이 점수로 인정받는 것은 아니니 확인해 두세요.

학교마다 대회 계획이 다르고 상이 남발되는 것을 막기 위해서 상은 아이 한 명당 한 학기에 한 개씩만 인정하는 경우가 대부분입니다. 임원 활동 점수는 전교·학년 학생회장과 학생회 부회장, 학급회장, 학급 부회장을 성실하게 했을 때 부과되는 점수입니다. 학교별로 자세한 점수 부과는 각 학교의 〈학업 성적 관리위원회〉 심의에서 결정합니다.

행동 발달 점수 산출 방법

구분	학년당 점수
기본 점수	3점
가산점	1점

수행평가는
싫다

수행평가가 너무 싫다.

수행평가는 일반 시험과는 다르게 딱히 정해진 기간이 없으며, 그때그때 선생님들이 정하신 날짜와 시간에 본다. 처음에는 그렇게까지 힘들지 않을 것 같았다. 오산이었다. 1학기 말에는 거의 매일 시험 기간처럼 수행평가를 계속 봐야 했다. 어떤 주에는 수행평가를 월요일에 3개, 화요일에 3개, 수요일에 2개, 목요일에 1개, 금요일에 1개를 보기도 했다.

수행평가를 위해 선생님들이 내 주시는 과제는 대부분 비슷하다. 예를 들어서 학습지 풀어 오기, 신문 만들어 오기 등이다. 사실 이런 종류의 과제들은 시간만 있으면 얼마든지 준비해서 잘 볼 수 있는 것들이기 때문에 나름대로 준비하여 답안을 채울 수 있었다.

하지만 문제는 국어, 영어, 수학이었다.

국어는 보통 논술 쓰기로 수행평가를 본다. 가장 최근에 본 논술 시험의 주제는 '청소년의 스마트폰 사용, 과연 옳은가?'였다. 그런데 여기서 조건이 하나 더 붙는다. 무조건 찬성을 써야 한다는 것이다. 아이들이 너무 반대만 하니까 그런가 보다. 논술 쓰기에서 신경 써야 할 것 중 하나는 바로 원고지 사용법이었다. 우리 학교는 글쓰기 평가를 할 때 원고지에 쓴다. 이때 원고지 사용법을 잘 숙지하는 것이 중요한데, 처음에는 헷갈리는 부분들이 많다. 물론 국어 선생님이 원고지 사용법을 수업 시간에 설명해 주셨지만 나는 원고지 사용법을 잘 몰랐기 때문에 따로 준비해야 했다.

수학은 창의적인 활동을 할 만한 게 없어서 그런지 단원평가 형식의 시험을 봤다. 수행평가이긴 하지만 시험이다 보니 긴장되었고, 틀리면 어마어마하게 짜증이 난다. 난이도도 초등학교 때와는 확실히 다르다고 느꼈다. 고민을 좀 해야 하는 문제들이 열 문제 중 두세 문제 정도 섞여 있는 느낌이다. 그래서 만점을 받지 못하는 아이들이 많다.

마지막으로 영어는 가장 짜증 나는 과목이다. 첫 번째 수행평가는 한 도시를 소개하는 글을 쓰고 그걸 외워서 교탁에 서서 아이들 앞에서 발표하는 것이었다. 두 번째 수행평가는 전국 영어 듣기평가 점수가 그대로 들어갔고, 세 번째 수행평가는 영어 신문 만들기였다.

돌이켜보니 정말 하나같이 다 짜증 났다.

CHAPTER 5

똑똑한 중학생은
이렇게
공부해요

중학교 평가 유형과 영역은 초등학교보다 훨씬 다양하기 때문에
학생들의 부담은 매우 큽니다. 실제로 중학교의 내신 성적이 대학
입시에 반영될 가능성은 극히 드물며, 그래서 본격적인 공부는
고등학교 때 시작된다는 이야기도 들리지만 마냥 마음을 놓을
수만은 없는 것이 중학교 시기입니다.
중학교 때 기른 공부하는 습관과 탄탄하게 쌓아 놓은 실력을
바탕으로 결국 고등학교 생활과 성적이 결정되기 때문이지요.
그래서 중학생 시기의 공부는 아이의 인생에 큰 영향을 미치며 그
중요한 첫걸음을 함께 내디뎌 보려 합니다.
초등학교 때처럼 마냥 책만 읽을 수도 없고, 쫓기듯 학원 수업에만

의존할 수도 없고, 그렇다고 혼자 알아서 하게 두기엔 아직 불안해
보이는 중학생 아이의 공부를 돕기 위한 과목별 공부법을 하나씩
살펴보겠습니다.
중요한 사실, 지금부터 힘주고 냅다 달리게 했다가는 고등학생이
되어 공부에 지치고 질려 버린 아이와의 대학 입시 준비가 결코
만만치 않다는 점입니다. 학습량이 많아지는 고등학교 시기를
대비하여 습관은 잡되 무리는 하지 말고, 아이와의 대화에 신경 쓰는
부모가 되길 바랍니다.

자, 그럼 힘 빼고, 출발!

모든 학습의 기본
국어 공부법

국어 교과의 중요성이 요즘처럼 강조되는 때도 없습니다. 주변에서는 불안한 이야기가 자주 들려옵니다. 영어, 수학에 치중하다가 국어를 망쳤다든가, 믿고 있던 국어에서 발목을 잡혔다든가, 국어는 집을 팔아도 안 된다는 얘기들이 그것이죠. 그도 그럴 것이 중요하기는 한데, 공부 시간이 부족합니다. 아이의 일주일을 가만히 들여다보면 국어 아니라도 해야 할 영어, 수학 공부가 너무 많고, 내신, 선행, 비교과 등 챙겨야 할 것도 많고 복잡합니다.

하지만 여러 과목 중 우선순위에서 빼놓지 않고 챙겨야 할 과목이 바로 국어입니다. 국어는 모든 학습의 기본이기 때문입니다. 국어의 핵심인 문해력, 즉 문장을 읽고 이해하고 자기 것으로 만들어 말이나 글로 표현하는 능력이 준비되지 않으면 다른 과목에서의 성적도 기대하기 어렵습니다. 그래서 상위권은 수학이 결정하고, 최상위권은 국어가 결정한다는 말이 있을 정도입니다.

국어는 크게 듣기·말하기, 읽기, 쓰기, 문법, 문학으로 나눌 수 있습니다. 물론 초등학교 1학년에서 6학년까지 이 모든 영역의 기초를 배웠고, 중학교 국어 수업 3년 동안 반복하고 심화하여 배워 갑니다. 국어에서 가장 많이 출제되는 유형은 '핵심 내용 요약하기', '의미 찾기' 등 독해력과 관련된 것들입니다. 관건은 독해력입니다. 독해력이 단단하게 준비된 아이들에게는 어렵지 않은 과목이겠지만, 독해력은 마음먹는다고 단숨에 끌어 올릴 수 없기 때문에 초등 시기부터 독서로 다져 놓는 것이 최선입니다.

국어 교과에서 생각과 경험을 창의적이면서 논리적으로 말하고 쓰는 형식의 수행평가 문항이 많은 것은, 그것이 국어 실력을 평가하는 적절한 기준이 되기 때문입니다. 중등에서의 사고 과정이나 학습 방식은 고등학교 학습에도 영향을 주므로 중학교 시기에는 문해력, 독해력, 사고력에 초점을 맞추어 접근해야 합니다.

독서

중학생의 독서는 넓어지고 깊어져야 합니다. 초등 때까지 좋아하는 책, 관심 있는 책, 잘 읽히는 책을 위주로 읽으며 책에 대한 호감을 느끼고 책과 친해진 상태라면 이제는 조금씩 독서의 분야를 넓혀 갈 시기라고 생각하면 됩니다. 문학, 비문학 영역을 고루 대비하기 위해 이야기책 위주의 문학 분야 독서와 신문을 기반으로 하는 비문학 분야의 독서로 확장해야 하며 어렵게만 생각했던 고전 독서 역시 시도해야 합니다.

또 요즘 아이들은 읽는 것보다 보는 것에 익숙합니다. 영상과 웹툰에 길들어 있어 긴 지문을 읽기 힘들어합니다. '읽는' 것은 '보는' 것에 비해 훨씬 더 큰 집중력을 요구합니다. 지문을 정확히 이해하고 문제를 푸는 것은 한두 번의 연습으로 개선할 수 없다는 점을 염두에 두고 영상 시청 시간을 조절하면서 독해력을 키워 가야 합니다. 이 방법이 돌아가는 것 같지만 최선의 전략이 될 수 있습니다.

문제집 활용하기

초등 국어는 독서로 어느 정도 해결됩니다. 하지만 지필평가 점수가 내신 성적에 반영되는 중등부터는 다양한 유형의 지문과 문제를 경험할 수 있는 문제집을 풀어 보는 게 좋습니다. 지필고사가 없는 1학년 동안은 지필고사 대비를 위한 교과서 복습용 문제집 대신 문학, 비문학 영역의 독해 문제집과 어휘, 문법을 다루는 문제집을 요일별로 한 가지씩 풀어 보는 것도 좋은 전략입니다.

중등 국어 공부를 위한 문제집 시리즈

빠작 시리즈	**국어 교과서 작품 읽기 시리즈**	**예비 매 3 시리즈**
중등 국어의 대표 시리즈 교재다. 중학교 전 학년의 문학/비문학/어휘/문법/서술형 쓰기 영역이 각 1권씩 구성되어 있다.	개정된 교육과정의 국어 교과서 9종에 실린 작품의 원작을 일부 발췌하여 실었으며 작품 해석에 도움이 되는 문제가 제공된다.	빠작 시리즈의 문학/비문학 문제를 수월하게 풀어내는 수준이라면 고등 교재인 매 3 시리즈의 예비 단계를 추천한다.

문학 영역

초등 시기부터 읽어 온 그림책, 동화책, 소설책 등 지어낸 이야기가 담긴 책들은 '문학'이라고 하는 영역에 포함됩니다. 이야기의 결말을 궁금해하며 읽어 오던 책들이 다름 아닌 문학 영역이죠. 모든 독서의 기본이면서 입시에서 빼놓기 어려운 비중을 차지하는 중요한 영역이기도 합니다.

중학생이 되면 기다렸다는 듯 독서를 중단하는 경우가 있는데,

안 그랬으면 합니다. 재미있는 소설책을 읽고 '문학'이라고 표시된 국어 독해 문제집을 병행하는 시기라고 생각하면 좋습니다. 소설책을 읽으며 호흡이 긴 글의 내용을 파악하고 결론을 추론하는 힘을 키워 가고, 독해 문제집을 풀며 문학 작품이 담긴 지문을 파악하는 방법을 익혀 가는 전략입니다. 전국 국어 교사 모임에서 추천하는 중학생을 위한 문학 영역 도서 목록은 권말에 부록으로 제공하고 있습니다. 참고하세요.

독해 문제집에 담긴 다양한 지문을 접하는 것은 문학 작품에 담긴 다양한 표현에 익숙해지는 연습을 하는 과정이라고 생각하면 됩니다. 더불어 작품의 화자와 서술자를 파악하고 이를 중심으로 작품을 보는 연습도 합니다. 주요 내용, 단락, 문장, 단어가 작품 내에서 어떤 역할, 어떤 의미인지 파악해 한 문장으로 정리해 보면 좋은데, 이 과정은 독서 습관이 완전히 자리 잡은 후에 시도해도 늦지 않습니다. 우선은 꾸준히 긴 글을 읽어 나가는 습관을 길러야 합니다. 긴 글에 대한 부담감이 사라진 아이에게 하나씩 시도해 주세요. 문제집을 풀 때는 맞았든 틀렸든 모든 문제의 해설지를 확인하면 큰 도움이 됩니다.

고전 독서는 문학 영역을 대비하는 중요한 영역입니다. 《플랜더스의 개》, 《작은 아씨들》 등 친근한 만화 영화를 그림책, 동화책으로 접했던 초등 시기의 경험을 바탕으로 세계 고전을 완역본으로 읽어 낼 정도의 힘을 가지면서 한국 고전으로 꼽히는 중·단편 소설 분야도 시도하면 도움이 됩니다. 이런 고전들은 원문 일부가 문학 영역 문제의 지문으로 출제되는 일이 잦기 때문에 주요 고전으로 꼽히는 작품들은 원문으로 읽어 두는 게 좋겠죠.

비문학 영역

비문학은 말 그대로 문학이 아닌 글 즉 지어낸 이야기가 아니라 실제 현상에 대한 설명과 정보를 담은 모든 글을 뜻합니다. 수능에 등장하는 비문학 영역의 지문은 크게 다섯 종류로 나눌 수 있는데, 인문, 사회, 과학, 기술, 예술 등입니다. 이 중 2가지가 융합된 지문이 출제되기도 합니다.

비문학 영역의 공부법이 까다롭기로 유명한 데에는 이유가 있습니다. 문학은 자주 공부하면 눈에 익은 지문이 생깁니다. 하지만 비문학 영역은 문제를 풀 때마다 새로운 지문이 나오고, 독해 능력이 부족한 경우 같은 지문을 여러 번 반복해서 읽어도 도통 이해되지 않는다는 점입니다. 낯선 지문에 나오는 어려운 개념들을 읽어 내려가면서 배경지식이 약하다는 생각에 두려운 마음이 들고요. 하지만 이 영역에서의 핵심은 얼마나 전문적인 어휘를 더 많이 알고 있느냐가 아니며, 얼마나 넓고 깊은 배경지식을 가졌느냐도 아닙니다. 생전 처음 보는 분야이면서 처음 들어 본 개념이 등장하는 지문을 읽어 낸 후 핵심 내용을 찾아내는 능력이 요구되는 영역이라는 점입니다.

최근에는 비문학 영역에 나올 가능성이 큰 개념과 배경지식을 최대한 많이 암기하는 방식으로 공부시키는 학원도 등장했더군요. 수많은 개념을 외우느라 시간은 많이 투자하는데 적중률은 장담하기 어렵기 때문에 노력에 비하면 타율이 낮은 방법입니다. 아이들의 시간은 한정되어 있기 때문에 정해진 시간을 얼마나 더 효과적으로 활용하느냐가 최대 관건입니다.

비문학 영역만큼은 누군가의 노하우를 무조건 따라 하거나 학원에 의존하는 것보다 아이 혼자 되도록 많은 문제를 접해 보는 방식을 추천합니다. 문제를 해결할 때는 시간에 쫓기며 급하게 푸는 것보다 여유롭게 시간을 두고 천천히 이해하며 낯선 지문을 찬찬히 읽어 보는 것에서부터 시작하는 전략이 필요합니다. 정확도를 확보한 다음 소요 시간을 점차 줄여 나가는 전략이죠. 또 지문을 읽어 나갈 때는 문단별 중심 문장에 밑줄 치기, 핵심 단어에 동그라미 치기, 주제가 바뀔 때 선으로 구분하기 등 나만의 방식으로 지문에 표시해 가며 읽는 것도 좋은 방법입니다. 누군가의 노하우를 무작정 따라 하기보다는 나만의 공부법, 독해법을 찾아가는 시간이 바로 중학교 1학년이라 생각하면 좋습니다.

어휘

문학, 비문학 영역의 독해력만큼이나 중등 국어에서 중요한 영역으로 떠오르는 것이 어휘입니다. 당연한 얘기겠지만, 어휘를 쌓는 기본은 다양한 종류의 글 읽기입니다. 영역마다 사용하는 어휘가 다양하기 때문에 되도록 다양한 종류의 글을 읽히세요. 어린이 신문으로 시작하여 어른 신문, 주간지, 경제 신문까지 차근차근 도전해 보는 것도 추천합니다.

매일 한 꼭지 정도의 텔레비전 뉴스를 보고 듣는 것도 새로운 어휘에 자연스럽게 노출되는 효과적인 방법입니다. 아쉽게도 어휘는 단기간에 늘지 않습니다. 영어 단어 시험을 앞두고 집중해서 외우듯 날 잡고 수백 개씩 외우는 학원도 있지만, 그렇게 외운 단어를 모두 기억하는 건 불가능해요. 그래서 평상시에 관심을 가지고 가랑비에 옷 젖듯 꾸준히 쌓아 가야 합니다.

평소에 글을 읽으면서 모르는 단어가 나오면 국어사전을 찾아보는 노력이 필요합니다. 엄청 귀찮지요. 그래도 효율이 아주 큰 방법입니다. 사전에서 찾아 설명하는 어휘의 정의를 읽어 보는 겁니다. 완벽하게 암기하거나 시험으로 확인하는 건 현실적으로 무리라고 생각합니다.

국어사전에서 찾으면 주된 뜻을 확인한 후에 두 번째, 세 번째 의미도 지나치지 말고 읽으면서 어떤 차이가 있는지 확인해 두는 게 좋습니다.

요즘은 인터넷 사전과 애플리케이션으로도 모르는 어휘를 쉽게 찾을 수 있는데요. 그 경우에는 해당 어휘가 한자어로 구성된 경우라면 한자 사전과 연동되어 어떤 한자인지 바로 알 수 있습니다. 초등학교 때 한자 실력을 차근히 높여 왔다면 어휘 습득에 도움이 됩니다. 그렇다고 이제 와서 어휘 실력을 높이기 위해 한자부터 공부하는 방법은 추천하지 않습니다. 시간 대비 효율이 떨어지는 방법이고, 중학교 한문 과목을 통해 기본 한자를 다시 배울 기회가 있기 때문입니다.

문법

국어라는 영역의 문법은 영문법과 비슷하다고 생각하면 됩니다. 독서와 독해를 통해 정확한 국어 문장에 충분히 노출된 상태에서 이 언어가 가진 문법적인 요소를 정리하여 지식으로 습득하는 것이죠. 중학교 1학년부터 국어 수업 시간에 꾸준히 국어 문법에 관해 배우고 2, 3학년까지 차곡차곡 쌓아 문법 영역의 실력을 갖추게 됩니다.

중학교에 입학하기 전, 중등 국어의 문법 영역을 대비하고 싶다면 중학교 국어 교과서에 나오는 문학 작품을 미리 읽는 것도 도움이 됩니다. 또한 초등학교 때 배웠던 문법 지식과 읽기 전략을 점검하여 다양한 종류의 글을 읽는 힘을 길러 두는 것도 도움이 됩니다. 기본적인 내용이긴 하지만 초등 국어에서 이미 다루었던 문법적인 요소들의 비중이 상당하기 때문입니다.

초등 교과서보다 한 단계 높은 수준의 국어 문법을 미리 경험해 보길 원한다면 '중등 국어 문법'으로 검색하여 나오는 교재 중 하나를 선정하여 한번 풀어 보는 정도면 충분합니다. 물론, 교재에 나오는 모든 내용은 중학교 국어 시간에 배울 테니 시간이 부족하다면 무리하게 욕심 낼 영역은 아니라고 생각합니다.

쓰기

중학교는 국어뿐 아니라 대부분 과목에서 배우거나 느낀 것을 '직접 써내는 결과물'로 평가합니다. 쓰는 게 힘들고, 너무 많은 시간이 걸리고, 쓸 때마다 한숨이 나오면 중학교 생활이 고달파질 수 있습니다. 초등생 때 글을 썼던 경험을 통해 글쓰기에 대한 자신감을 갖췄다면 중학교 생활과 수행평가는 크게 걱정할 필요가 없을 겁니다.

특히 올바른 문장부호(초등학교 1, 2학년)를 사용하여 상황에 맞는 낱말(초등학교 3, 4학년)로 올바른 문장 호응(초등학교 5, 6학년)을 이루는 글을 써내는 연습이 충분히 되어 있는지 미리 점검해 두세요.

국어 지필평가 대비 공부법

2, 3학년이 되어 지필평가를 대비할 때는 교과서의 목차와 학습 목표를 확인하고 단원에서 중요한 부분을 점검하는 것이 핵심입니다. 본문 학습을 한 뒤에는 반드시 문제를 풀어 자신의 이해 정도를 점검해야 합니다. 이때 문제에서 요구하는 부분이 무엇인지를 체크하고, 정답인 이유를 정확히 이해하면서 학습해야 합니다. 느낌이나 감으로 객관식 문제를 대략 맞혔다고 해서 그냥 넘어가서는 안 됩니다. 해당 문제의 보기 중에 모르는 어휘가 있었다면 뜻을 확인하고 꼼꼼하게 확인하는 과정도 아주 중요합니다.

교과서 본문이 끝나면 단원마다 학습 활동, 학습 정리라는 이름의 마무리 활동 부분이 있는데, 여기에 나온 문제들은 지필평가에 반드시 나온다고 생각하면 좋습니다. 수업 중 선생님이 말씀하시고 강조하셨던 부분을 정확하게 필기해 놓고 반복적으로 학습하는 공부 습관이 빛을 발합니다.

시험이 임박했을 때는 새로운 문제를 계속해서 풀기보다는 본인이 풀었던 문제 중 틀린 문제를 위주로 다시 한번 꼼꼼하게 살펴보는 것이 좋습니다. 이때 처음에 문제를 틀렸던 이유를 떠올리면서 해당 개념이나 이론을 점검해야 합니다. 내가 틀린 문제는 또 틀릴 수 있는 부분이기 때문에 오답을 점검하는 것이 확실한 공부법입니다.

세분화해서 공부해야 할 영어

중학교 영어 교육의 목표는 초등학교에서 배운 영어를 토대로 학생들이 기본적인 일상 영어를 이해하고 사용할 수 있도록 하는 것입니다. 나아가 외국 문화를 이해하고, 고등학교 과정에 필요한 읽기, 쓰기 능력을 향상하는 데에 중점을 두지요. 그러다 보니 초등학교에 비해 교과서에 나온 본문의 길이가 훨씬 길어지고, 정확하게 표현하는 방법을 익히기 위해 기억해야 할 문법 지식과 어휘가 늘어납니다.

초등학교와 중학교 영어 간의 간격이 크게 느껴지는 가장 큰 이유는 '읽기' 때문인데요. 초등학교 영어 교과서의 텍스트는 거의 대화문이지만, 중학교 영어 교과서는 일기, 이메일, 신문, 이야기, 설명문, 영화 감상문 등 텍스트의 종류가 다양하고 길이도 초등학교보다 훨씬 길어집니다. 중학교에서도 학년이 올라갈수록 교과서 텍스트의 길이가 훨씬 길어집니다. 단답형 문장이거나 몇 개의 단어만 쓰던 초등학교 쓰기가 중학교에서는 문장을 넘어 문단까지 써야 하고요.

'자기소개하기', '좋아하는 것 말하기', '과거 경험 말하기', '물건 사기' 등 초등학교 영어 교과서에 나오는 모든 표현을 충분히 듣고 말할 수 있어야 하고, 관련된 단어와 문장을 모두 읽고 쓸 수 있어야 중학교 영어 수업을 무난히 따라갈 수 있습니다. 그렇지 않으면, 중학교 영어 시간이 아주 힘들 수 있어요.

영어 공부는 단순히 학습뿐 아니라 언어를 이해하고 활용하는 데 필수적인 문화를 이해하는 태도도 중요합니다. 영어로 된 만화나 책, 영화, 팝송 등 다양한 매체를 통해 외국 문화에 대한 개방적인 인식을 가질 수 있게 해 주세요.

영어는 국어 과목과 비슷하지만 외국어이기 때문에 영역을 세분화해서 공부할 필요가 있습니다. 영어 단어를 모르면 읽기가 안 되고, 정확한 문법 구문을 익히지 않으면 쓰기가 어렵습니다. 그러면 물론 말하기도 어렵고요. 영어 과목을 좀 더 세분화하여 영역별 공부 방법 및 평가 유형을 살펴볼게요.

듣기

공식적인 중학교 영어 듣기평가는 전국 16개 시도교육청에서 제작 배포해서 실시하는 전국 영어 듣기평가로 1, 2학기 각 1회씩 매년 2회 실시하고 있습니다. 전국 영어 듣기평가를 성적에 반영하는 학교는 교과서에서 배우지 않은 부분을 보충하기 위해 듣기평가를 하기 전 수업 시간에 여러 번 기출문제를 연습하기도 합니다. 문제 유형이나 단어가 크게 변하지 않기 때문에 수업 시간에 함께 문제를 풀면서 배우는 것이죠. 그리고 수업 시간에 배운 내용이기 때문에 성적에 반영하기도 합니다.

가정에서 따로 듣기평가를 연습하고 싶다면 EBS 중학 사이트 영어 듣기평가를 추천합니다. 기출문제의 문제지는 물론 듣기 대

EBS 중학 사이트 영어 듣기평가

본과 해설 영상까지 제공하고 있으니 학원의 도움 없이도 난이도를 파악하고 연습할 수 있는 자료와 팁을 얻을 수 있습니다.

전국 중학교 영어 듣기평가를 성적에 포함하는지는 지역별, 학교별로 차이가 있습니다. 또 요즘은 전국 영어 듣기평가를 아예 하지 않거나 하더라도 성적에 반영하지 않는 학교가 많아지고 있습니다. 이런 경우에는 교과서에서 배운 내용을 바탕으로 학교 자체적으로 교과서 듣기자료를 활용하여 평가합니다. 듣기평가가 없는 게 아니라 다른 문제를 활용한다는 의미죠.

말하기

우리나라 환경에서 자연스럽게 영어로 말하는 경험을 하기란 정말 어려운 일입니다. 어릴 적부터 영어에 꾸준히 노출되어야 하고 영어로 대화가 가능한 사람이 주위에 있어 꾸준히 연습해야 합니다. 학교 현장에서 다양한 수준의 아이들에게 말하기를 지도하기도 쉽지 않을뿐더러 아이들 역시 학교 수업만으로 영어 말하기를 연습하기는 어렵습니다.

영어 초급자에게 가장 보편적이면서 효과적인 말하기 방법은 바로 '소리 내어 읽기'와 '암기'입니다. 학습하고자 하는 목표 구문이 있는 문장을 외우거나 본문을 아예 통째로 외우면 영어 문장의 구조를 자연스럽게 익힐 수 있습니다. 또 암기를 위해 여러 번

소리 내어 읽다 보면 발음이나 억양, 강세도 연습할 수 있습니다. 학생을 지도할 때 가장 많이 쓰는 말하기 지도 방법 역시 매 단원 목표 문법이나 구문이 포함된 문장을 5개 정도 골라 그 단원이 끝날 때까지 수업 시간마다 반복해서 외우게 하거나 본문 전체를 소리 내어 읽고 녹음을 시키는 것입니다.

예를 들어 과거 진행형을 배울 때는 'be 동사의 과거형 + 일반 동사 ing'라는 형태를 배웁니다. 형태만 배워서는 그 문장을 생활 속에서 사용할 수 없죠. 과거 진행형이 있는 여러 문장을 소리 내어 읽다 보면 자연스레 그 문장이 외워집니다. 패턴이 익숙해지면 명사나 동사를 바꾸어 자신의 상황에 맞는 문장을 만들 수 있게 되지요. 많은 문장을 외우면 '듣기'에도 도움이 됩니다.

흔히 많이 들으면 자연스레 입이 트인다고 하는데, 이것은 완전히 영어 환경에 노출되어 있거나 유아 또는 초등학교 저학년 아이들에게 해당하는 이야기입니다. 단어나 구문의 학습이 전혀 되어 있지 않고 단순히 노출만으로는 체계적으로 영어 실력을 쌓을 수 없습니다. 중학교 이상이 되면 중요한 구문과 상황에 따른 표현을 반드시 외워야 합니다. 모르는 단어와 표현으로 가득한 영어는 몇백 번 들어도 들리지 않지만, 내가 암기하고 말할 수 있는 문장은 신기하게도 속도가 다소 빨라도 들립니다. 중학교 3년 동안 교과서에 나오는 표현이나 단어, 본문을 완벽하게 암기한다면 영어로

중등 회화를 위한 문제집

EBS 라디오 EASY English (동아출판)	중학 고공행진 영어 말하기 (키출판사)	영어회화 핵심패턴 233 기초 편 (길벗이지톡)
중학교 수준의 단어와 패턴으로 말하기 연습을 할 수 있으며 매일 아침 라디오 방송으로 강의를 들을 수 있다.	중학교 교과서에 나오는 주제와 단어, 구문으로 구성된 회화 교재. 억양, 끊어 읽기 등 기본 낭독 방법에 대한 설명이 자세하게 나와 있다.	초등학교와 중학교 교과서에 나오는 기본적인 패턴으로 구성된 회화 교재. 실생활에 쓰이는 표현과 상황으로 구성되어 있다.

일상적인 대화가 가능한 수준에 도달합니다.

읽기

중학교 영어 교과서 본문에 실려 있는 '읽기'는 동화나 신문, 감상문, 편지 등 종류가 다양할 뿐 아니라 원문이 있는 실제적인 자료가 많습니다. 하지만 학습자를 위해서 단어나 구문이 다듬어져서 나오다 보니 내용이 간추려지거나 생략된 경우도 있습니다. 국어 실력을 올리기 위해서 국어 교과서만 반복해서 보지 않는 것처럼 영어 읽기 실력을 높이기 위해서는 영어 교과서만으로는 부족합니다.

교과서 공부와는 별도로 영어 독해 연습이 필요한데요. 영어 교과서 독해는 아무래도 교사가 수업 시간에 주도적으로 하는 편입니다. 학생들이 스스로 한다고 해도 마지막에는 교사가 정확하게 정리해 주는 편이지요. 중학교는 교과서 위주로 평가를 하다

중등 영어 독해 공부를 위한 문제집 시리즈

EBS 기초 영독해 (한국 교육 방송 공사)	리딩 바이트 시리즈 (미래엔)	중학 영어 구문이 독해다 시리즈 (키출판사)
중학교 영어 교과서보다 조금 쉬운 텍스트로 구성되어 있어 교과서가 힘든 학생들에게 특히 적합하며 EBS 강의를 무료로 이용할 수 있음.	중학교 교과서 수준의 텍스트로 주어와 동사 찾기, 의미 단위로 끊기 등 독해의 기본을 연습할 수 있으며 단계별 시리즈로 나와 있어 수준별로 연습할 수 있음.	중학교에 나오는 모든 문법 요소 및 구문으로 독해가 구성되어 있어 문법을 통해 독해 연습을 할 수 있음.

보니 교과서 이외의 텍스트를 접하는 부분이 적습니다. 내신을 위해서는 교과서 출판사와 저자와 동일한 문제집을 푸는 것이 좋습니다. 수업 시간에 배운 내용을 점검할 수 있고, 지필고사에 대비할 수 있거든요.

하지만, 장기적으로 영어 독해 실력을 향상하기 위해서는 내신과 별도로 영어 독해 문제집을 푸는 걸 추천합니다. 추론하기, 정보 찾기, 요약하기 등 다양한 연습을 해야 내신은 물론 고등학교 수능 유형에도 익숙해질 수 있거든요. 문제집은 학년에 맞추기보다 아이의 수준에 맞추어 지문의 길이와 난이도를 확인해 아이가 직접 고르는 게 좋습니다.

문제집과 별도로 영어 읽기에 도움이 되는 방법은 바로 단계별 읽기 책Graded Book을 읽는 것입니다. 단계별 읽기 책은 읽기 능력 향상에 도움이 될 수 있도록 쉬운 단계에서 시작하여 단계가 올라갈수록 단어와 본문의 수준이 높아지도록 구성된 책입니다. 어휘의 수와 텍스트의 길이, 문법 요소가 통제되어 있어서 마치 교과서의 긴 텍스트를 읽는 느낌입니다. 옥스퍼드, 캠브리지, 펭귄 리더스와 같은 영어 학습자를 위한 교재를 많이 만드는 출판사에서 주로 출간합니다. 종류가 많아서 각자 좋아하는 분야나 수준에 맞는 책을 골라 읽을 수 있습니다.

중등 영어 공부를 위한 읽기책 시리즈

옥스퍼드 북웜 라이브러리 (Oxford Bookworm Library)	펭귄 리더스 (Penguin Graded Readers)

단계별로 다양한 장르로 구성되어 있고, 흥미와 수준에 맞게 골라서 읽을 수 있다. 단계별로 문법과 단어가 제한되어 있어 영어 학습에 도움이 된다.

쓰기

영어 쓰기 실력은 수행평가에서도 필요하지만 2, 3학년의 지필고사 문항 중 논술형으로 출제되는 것들을 위해 반드시 필요합니다.

영어 쓰기 실력을 향상시키는 데 가장 중요하고 기본적인 것은 문법 구문을 익히는 것입니다. 문장 쓰기에서 문단 완성까지의 기초는 영어 수업 시간에 배운 문법 구문입니다.

영어 글쓰기의 기본은 영문법 암기와 영어 에세이 첨삭 수업이 아닌 한글로 글쓰기입니다. 사용하는 언어가 한글에서 영어로 바뀐 것일 뿐 요약, 감상, 생각 표현하기 등의 관점에서 생각해 보면 영어 쓰기의 시작은 '쓰기'라는 행위입니다. 모국어인 한국어로 내 생각을 표현할 수 있어야 영어라는 언어를 활용해서 쓸 수 있는 건 당연한 이치입니다. 그래서 한글로 어느 정도의 글을 쓸 수 있는지를 먼저 점검하고 이후에 영어로 시도해야 합니다.

문장을 시작할 때 대문자를 사용하고, 마침표, 물음표, 느낌표 등 문장마다 알맞은 문장부호를 쓰는 것은 쓰기에서 중요한 요소입니다. 국어와 영어의 문법 용어의 의미가 차이가 있기는 하지만, 국어 수업을 통해 문법적인 요소가 어느 정도 정리되었다면 중학교 영어 시간에 선생님이 사용하는 문법 용어가 낯설지 않을 것입니다. 그래서 중학교 문법 선행에 앞서 초등학교 국어 교육과정에 나오는 문법 사항을 꼼꼼하게 복습할 필요가 있습니다. 초등 국어 문법을 제대로 이해하지 못한 채 중학교에 진학하면 영어가 말도 못 하게 어렵게 느껴진답니다. 문법 요소를 활용하여 직접 문장을 만들어 말하거나 써 보는 연습이 도움이 됩니다. 배운 것을 활용하여 말하거나 쓰지 못하면 그 부분은 완벽하게 알고 있는 것이 아닙니다. 예를 들어 "What did you do?(너 어제 뭐했니?)"라는 물음에 과거 동사를 활용하여 답을 할 수 없다면, 동사의 과거형을 다시 공부해야 합니다.

영어 단어

단어 외우기는 외국어 공부에 필수 사항입니다. 매일 외우고, 잊어버리고, 다시 외우기를 반복해야 하는 것이 바로 단어 공부입니다. 2015년 개정 영어과 교육과정에 따르면 초등학교에서 사용하는 기본 영어 어휘는 500개 내외이며 중학교 3년간은 750개 내외입니다. 즉, 중학교 3학년까지 익혀야 하는 어휘는 1,250개 정도라는 의미입니다. 어휘의 대표형만 뽑은 숫자이니 동사의 변형과 명사의 복수형을 합치면 그 수는 훨씬 더 늘어나겠죠.

중학교 영어 수업에서는 단원마다 평균적으로 30개 이상의 단어 리스트를 제공하는 편입니다. 단어를 모르면 수업 진행이 어렵기 때문에 대부분의 영어 선생님들은 단원마다 단어 학습지를 만들어 외우게 합니다. 시험을 치거나 수업 시간마다 반복하기도 하고 단어 암기 앱을 따로 소개해서 가정에서도 외울 수 있도록 다양한 방법을 제시하지만, 암기는 개인의 의지가 특히 중요한 부분이라 개인차가 많이 날 수밖에 없습니다.

영어 단어를 외우는 가장 좋은 방법은 소리 내어 읽기입니다. 종이에 빽빽하게 여러 번 쓰면서 단어를 외우는 학생을 볼 때마다 열 번 쓰기만 하는 것보다 여덟 번 소리 내어 말하고 두 번만 쓰는 게 더 효과적이라고 얘기합니다. 단어는 직접 입으로 소리를 내면서 발음을 알게 되고, 발음에 따른 음소와 철자를 익히게 됩니다. 단어가 익숙해졌다면 그 단어가 포함된 짧은 문장도 함께 외우는 것이 좋습니다. 하나의 단어라고 하더라도 상황에 따라 품사나 의미가 달라지기 때문입니다. 소리 내어 많이 읽으면서 외우기, 매일 반복하기가 단어를 외우는 가장 기본적인 방법입니다.

중등 영어 단어 공부를 위한 문제집 시리즈

뜯어먹는 중학 기본 영단어 1800 (동아출판)	워드 마스터 중등 실력 (이투스북)	중학 영단어 단어가 읽기다 어원 편 (키출판사)
기본 단어와 그림이 있어 중학 기초 단어 교재로 적합하다.	주제별로 중학교 필수 단어가 잘 정리되어 있다.	기본 어원의 설명이 구체적으로 정리되어 있다.

　단어 교재나 단어장을 선택할 때도 단계가 있습니다. 초등학교 고학년이나 중학교 1학년에는 주제별로 단어를 묶거나 이야기 속에 단어를 정리하면 좋습니다. 단어 관련 교재로 공부하더라도 자신만의 단어장을 만들도록 하세요. 중학교 2학년부터는 국어 시간에 '접사'의 개념을 배웁니다. 접사란 어근이나 단어에 붙어 새로운 단어를 구성하는 부분으로 단어 앞에 붙으면 접두사, 단어 끝에 붙으면 접미사라고 합니다. 우리말의 '헛걸음, 헛수고, 헛기침'의 '헛', '멋쟁이, 고집쟁이, 겁쟁이'의 '쟁이' 등이 그 예지요. 접사를 이해하면 단어의 의미를 이해하는 폭이 넓어집니다. 영어도 마찬가지예요. 접사를 이해하면 더 많은 어휘를 배울 수 있습니다. 접사와 어원이 정리된 교재로 어휘를 확장해 보세요.

re-(again 다시)

 return(돌아오다, 돌려주다) review(재검토하다) rewind(되감다)

im-, in-, ir-(not 부정)

 impossible(불가능한) insane(제정신이 아닌) irresponsible(무책임한)

-en(become 하게 하다)

 lighten(밝게 하다) ripen(익다) broaden(넓어지다)

영문법

중학교 영어에서는 텍스트 읽기가 가장 많은 부분을 차지하기 때문에 문법이 중요합니다. 초등학교 고학년이 되면 중학교 문법을 얼마큼 선행해야 하는지 의견이 분분하지요.

영문법을 위해서는 먼저, 쉬운 영어책을 되도록 많이 읽히세요. 너무도 당연한 이야기지만, 글을 많이 읽을수록 자연스럽게 문법을 익힐 수 있습니다. 우리나라 중학교 1학년 영어 교과서의 수준은 대략 미국 초등학교 2, 3학년의 읽기 수준입니다. 어렵고 길고 복잡한 글을 무리하게 읽기보다는 쉬운 글을 자주 읽는 것이 도움이 됩니다. 특히 영어책 중에서 챕터북은 특정 구문이 본문 전체에 계속 반복되므로 자연스레 문법과 구조를 익힐 수 있습니다.

영어책 읽기와 더불어 본격적으로 영문법 공부를 시작할 때 중요한 것은 문법 용어를 정확하게 이해하는 것입니다. 초등학교 5

중등 영어 문법 공부를 위한 문제집 시리즈

1316 팬클럽 문법 시리즈 (능률)	중학생을 위한 문법으로 writing 시리즈 (디딤돌)	문법이 쓰기다 (키출판사)
단계별로 설명이 쉽게 설명되어 있고 기초 연습 문제가 많아서 혼자 공부하기에 적합한 교재	학년별 기초 문법 구성은 물론 단어, 구문, 문장 쓰기 연습을 할 수 있는 교재	기본 문법 설명 및 단답형 문제 구성이 잘 되어 있고, 쓰기 연습뿐 아니라 서술형 문제를 연습할 수 있는 문제가 많음.

학년 국어에서 품사(명사, 대명사, 동사, 형용사, 부사 등), 문장의 성분(주어, 서술어, 목적어) 등을 배웁니다. 문장부호나 문장의 종류 역시 초등학교 국어 교육과정에 있는 내용입니다. 미국 초등학생들도 3학년, 4학년이면 문장의 종류나 품사, 불규칙 동사 등 문법 용어도 배우고 특정한 규칙은 따로 외우기도 합니다. 영어가 모국어인 아이들도 암기와 학습이 필요한데, 외국인인 우리가 문법을 학습으로 배워야 하는 건 당연한 일입니다.

문법은 교과서를 펴낸 출판사에서 교과서의 저자가 집필한 문제집을 푸는 것이 좋습니다. 교과서마다 문법 요소를 구성하는 순서가 다르기 때문에 학교에서 배우는 것과 같은 흐름으로 된 문제집을 풀면 복습과 예습을 할 수 있습니다.

사교육, 인터넷 강의의 도움 없이 아이가 자기 주도적으로 문법 공부를 하는 상황이라면 시중의 영문법 교재 중 1, 2, 3권의 형식으로 구성된 문제집을 추천합니다. 순서나 문법 요소 구성에 차이가 있을 수 있지만 대부분 1단계는 1학년, 2단계는 2학년, 3단계는 3학년에 나오는 문법이 단계적으로 구성되어 있기 때문입니다. 한 권으로 된 문법책은 중학교 3년 전체의 문법 요소가 다 들어 있어 내용이 너무 방대하며, 설명이나 문제도 간략하게 압축되어 있어 단계별 문법책으로 공부한 다음 단계의 정리용으로 적합합니다.

03

문해력과 사고력이 필요한
수학

　교육과정에 따르면, 초등학교 수학 내용은 수와 연산, 도형, 측정, 규칙성, 자료와 가능성, 5개 영역으로 구성됩니다. 수와 연산 영역에서는 자연수, 분수, 소수의 개념과 사칙 계산을, 도형 영역에서는 평면도형과 입체도형의 개념, 구성 요소와 성질을, 측정 영역에서는 시간, 길이, 들이, 무게, 각도, 넓이, 부피의 측정과 어림을, 규칙성 영역에서는 규칙 찾기, 비, 비례식을, 자료와 가능성 영역에서는 자료의 수집, 분류, 정리, 해석과 사건이 일어날 가능성을 다루고 있습니다. 초등학교 6년 동안 배운 수학의 기초와 개념만 해도 이렇게 많습니다.

　중학교 수학은 초등학교에서 배운 기초와 개념을 바탕으로 수와 연산, 문자와 식, 함수, 기하, 확률과 통계의 5개 영역으로 구성됩니다. 수와 연산 영역에서는 정수, 유리수, 실수의 개념과 사칙계산을, 문자와 식 영역에서는 식의 계산, 일차방정식과 일차부등식, 연립일차방정식, 이차방정식을, 함수영역에서는 좌표평면, 그래프, 정비례와 반비례, 함수 개념, 일차함수, 이차함수를, 기하 영역에서는 평면도형과 입체도형의 성질, 삼각형과 사각형의 성질, 도형의 닮음, 피타고라스 정리, 삼각비, 원의 성질을, 확률과 통계 영역에서는 자료의 정리와 해석, 확률의 개념과 기본 성질, 대푯값과 산포도, 상관관계를 다룹니다.

이렇게 나열된 수학 용어만 보고도 이미 '어렵다'라는 말이 절로 나올 겁니다. 하지만, 용어가 어렵게 느껴질 뿐, 초등학교에서 배운 개념을 확실히 알고 각 단원의 용어 정의를 정확하게 이해한다면 풀어낼 수 있는 내용입니다. 중학교 수학의 수행평가는 단순한 계산 능력을 평가하는 것이 아니라 실제 생활에서 수학적인 상황을 살펴보고, 수에 적용하는 평가를 합니다. 언어 이해와 사고가 모두 필요하지요.

수학은 특히 초등학교 과정의 기초가 탄탄하지 않으면 중학교에서 많이 힘들어지는 과목이에요. 수와 연산에서는 계산 과정을 손으로 직접 써 보는 과정이 필요하고, 도형 영역에서는 도형의 정확한 개념이 정립되어 있어야 합니다. 측정 영역에서는 단위의 차이점을 분명히 구별해야 하고요. 중학교에서는 이 모든 개념과 연습을 토대로 자료를 수학적으로 정리하고 해석하는 과정이 중요합니다. 해석하기 위해 자료를 정확하게 계산하고 측정하는 연습, 즉 연산이 바탕이 되어야 하고요.

그래서 초등학교 시기에 중학교 수학을 미리 예습하는 것, 선행학습을 시도하는 것도 일부 아이들에게는 필요하지만 초등학교 수학에서 부족한 수학적 정의나 개념은 없는지, 연산에서 반복적으로 틀리는 부분은 없는지 점검하는 것이 최고의 중학교 입학 준비가 될 수 있습니다.

수학의 기본은 이해

수학의 기본은 이해입니다. 암기는 다음입니다. 새로 등장하는 수학 개념을 이해하고 나면 그 개념을 활용하여 도출된 공식을 암기해야 합니다. 이해를 바탕으로 암기한 공식을 적용해 문제를 푸는 것이 수학이죠.

이해 → 암기 → 문제 풀이

요즘 안 하면 큰일 날 것 같은 선행학습이라는 과정에는 핵심이고 기본이 되는 '개념의 이해'라는 단계가 빠질 수밖에 없습니다. 일부러 뺀 건 아니고, 어쩔 수 없이 그렇게 됩니다. 초등학생이 중학 과정을, 중학생이 고등 과정을 공부하다 보니 아무리 이해하려고 애를 써도 부드럽게 이해되지 않습니다. 이해 없이도 암기는 가능하며 공식만 잘 외워도 풀 수 있는 문제가 제법 있기 때문에 이해를 생략하고 문제 풀이로 진도를 나가는 방식입니다. 얼핏 성적이 나오는 것처럼 보이죠. 적어도 중등 과정 정도까지는 말이에요. 초등 때 중등 선행을 시켜 본 적이 있다면 어려워 보이는 중등 과정을 제법 따라가는 것처럼 보이는 이유가 여기에 있습니다.

　　문제는 고등 수학입니다. 대부분의 선행이 교사(정확히는 학원 선생님, 과외 선생님)의 일방적 개념 설명, 암기, 문제 풀이로 이루어지기 때문에 결국 아이의 이해도를 고려하지 않은 무리하고 일방적인 진도 빼기에 그치는 경우가 많습니다. 그래서 선행학습은 훨씬 복잡한 수준의 개념 연결과 논리를 요구하는 고등학교 수학과 마주쳤을 때 한계를 만나고 맙니다. 개념을 이해하지 못한 채 외운 공식을 적용해 문제를 푸는 것으로 진도를 나가던 중등 수준의 선행 습관만으로는 고등 수학에서 한계에 부딪치고, 해 오던 방식으로 문제를 풀 수 없게 되면 수학을 서서히 싫어하게 되다가 결국 포기하기에 이릅니다.

수업 태도

선행학습을 경험한 아이는 대부분 학교 수업 시간에 나오는 내용을 이미 배웠다고 생각하여 학교에서 진행되는 선생님의 개념 설명 수업에 진지하게 참여하지 않습니다. 문제는, 이미 배운 내용을 완벽하게 이해하지 못한 상태에서 학교 수업을 등한시하는 바람에 학습 결손이 일어난다는 점입니다. 본인이 문제점을 자각하더라도, 이미 절차적인 학습 습관이 몸에 배어 있기에 바로잡는 게 쉽지 않습니다. 초등에서도 미리 한 학기 수학 문제집을 다 풀고 와서는 '나 다 풀었던 건데' 하면서 수업에 집중하지 않는 아이가 있었던 것처럼 말이죠.

그런데 선행학습을 한 아이들의 수업 태도가 모두 좋지 않은 건 아닙니다. 선생님의 수업에 대한 존중, 타인의 말을 경청하는 기본 태도는 내용을 알고 모르고를 떠난 삶의 방식이잖아요. 똑똑하게 자라는 것만큼 중요한 건 바르게 자라는 것입니다. 이미 알고, 들어 본 내용이라는 이유로 수업 분위기를 흐트리거나 수업에 소극적인 태도는 결국 서서히 평가와 성적으로 연결될 수밖에 없습니다.

고등학교에서 최상위권을 유지하는 아이들의 공통점은 모든 수업(입시 과목이 아닌데도)과 활동(교과가 아닌데도)에 적극적으로 임한다는 점입니다. 그렇기에 최상위권을 유지할 수 있는 거겠지요.

풀이 과정 서술하기

수학에서 가장 빈번하게 출제되는 유형은 문제를 제시한 후 풀이 과정을 서술하라는 형태입니다. 일부 학교에서는 수학 지필평가에서 100% 서술형 문제만을 출제하는 경우도 있습니다. 초등학교 때 머리로만 계산하여 답을 찾아내는 것에 익숙해져 있거나 알아볼 수 없게 여기저기 낙서처럼 적으며 계산하는 습관으로는 풀이 과정을 알아보기 쉽게 정리하는 것 자체에 어려움을 느낄 수밖에 없습니다. 문제집에 보이는 빈 곳에 계산하며 정답만 찾아내는 방법으로는 풀이 과정을 서술하는 문제를 만나면 당황스러울 수밖에 없습니다.

수학에서는 많은 문제를 다양하게 풀어내는 것도 중요하지만 평소 수학 문제를 풀 때 한 문제를 풀더라도 과정 전체를 깔끔하고 알아보기 쉽게 정리하여 완성하는 경험도 아주 중요합니다. 많은 양의 문제, 수학 학원의 숙제를 해치우느라 풀이 과정을 연습하지 못하고 정신없이 달리고 있지는 않은지 점검해 볼 필요가 있습니다.

선행학습이 독이 되는 아이

공식을 외워서 문제를 맞히고 나면 잘 알고 있다고 생각하고, 핵심 개념을 제대로 이해했다고 착각합니다. 안 풀리는 문제를 만나면 습관처럼 공식을 떠올리지만 공식이 개념에서 출발했다는 중요한 사실을 인식하지 못하고 있기 때문에 되돌아가 개념을 복습해야겠다고 생각하기 어렵습니다. 열심히 하지만 성적과 연결되지 못하는 안타까운 공부 습관이 생겨 버린 것이죠.

정말 안타까운 것은 이런 안 좋은 공부 습관, 버려야 할 공부 방식을 아이 스스로 인지하기 어렵다는 점입니다. 누가 옆에서 아이가 놓친 부분에 대해 알려 주지 않으면 스스로 깨닫기가 거의 불가능합니다. 그 중요한 역할을 하기에 중등 부모는 이미 학습 일선에서 너무 멀리 물러나 있고, 학원의 관심은 진도와 레벨에 있으며, 과외 선생님은 당장 이번 중간고사의 성적으로 본인의 능력을 증명해야 합니다. 이러한 상황에서 공부 방식, 공부 습관에 대한 문제를 개선하기 위한 노력을 하기보다는 일단 진도부터 빠르게 빼고 보자는 접근이 유행처럼 번지고 있습니다. 안타까운 일입니다.

자기 주도적으로 공부해야 한다고 깨달았을 때는 이미 교사 의존과 암기 방식의 공부 습관이 배어서 선행학습을 멈추지 못하고 어쩔 수 없이 계속하게 되는 경우가 많습니다. 더 정확히는, 여기까지 오면 어느 범위까지 학습 결손이 생겼는지 정확하게 파악하기도 어렵습니다. 열심히 했으나 결과를 얻지 못하는 많은 아이가 겪는 어려움입니다.

사교육을 활용한 수학 선행학습의 핵심은 그 방법이 우리 아이에게 최선인가에 관한 지점입니다. 다들 대박 났다는 전집이 우리 아이에게는 좀처럼 먹히지 않았고, 다른 아이들이 관심을 보이지 않는 책에 꽂혀 몇 번이고 그 책만 반복해서 읽는 아이를 본 적이 있을 거예요. 아이마다 다르니까 당연한 일이지요. 성향, 취향만 다른 게 아니라 아이의 현재 수준이 다르고 공부해 온 경험이 다르고 목표치가 다릅니다.

그런 이유로 선행학습은 어떤 아이에게는 최고의 전략일 수 있고, 어떤 아이에게는 공부를 포기하게 하는 계기가 될 수 있어요. 현행도 따라가기 힘들어 헉헉대면서 공부에 대한 자신감을 잃어버린 아이가 오직 뒤처지지 않으려고 선행 열차를 타고 달린다면 속도를 따라잡는 건 가능하지만 (속도는 학원에서 정해 주니까요.) 내실을 다지는 데는 분명한 한계가 있습니다.

선행을 부추기는 사교육에서 이 사실을 모를까요? 훨씬 더 잘 알고 있습니다. 선행학습의 폐해로 입시에 실패한 아이들을 현장에서 매년 보고 있을 겁니다. 하지만 아이의 수준에 상관없이 선행을 요구하는 학부모의 요구를 무시하기 어렵다는 점이 사교육이 직면한 가장 곤란한 문제일 거라고 생각합니다.

어휘와 개념 정리가 필요한
사회

    초등학교 3학년부터 배우기 시작하는 사회라는 과목은 정치, 법, 경제, 사회문화, 지리, 환경, 자연 등으로 구성되어 있습니다. 중학교의 사회는 사회(정치/경제/지리), 역사(한국사/세계사)로 나뉘어 있는데, 이들 영역의 특징이 확실한 만큼 각자 다른 공부법을 적용할 필요가 있습니다. 고등학교에 올라가면 영역이 더 세분되면서 선택 과목(사회문화/윤리와 사상/세계사/한국지리)이 됩니다.

    초등 3학년에 올라갈 때 사회, 과학 등 새롭게 생기는 과목 때문에 겁을 잔뜩 먹어 본 적이 있을 겁니다. 중학교 사회를 생각하면 그때와 비슷한 불안감이 있겠지만, 별것 아니었다는 안도감이 들었던 기억을 떠올려 보면 도움이 됩니다.

중등 사회, 어떻게 공부하면 좋을지에 관한 고민을 함께 시작해 보겠습니다.

교과서 어휘 정리하기

사회에서 아이들이 가장 어려워하는 것은 사회 관련 어휘와 개념입니다. 초등학교 3, 4학년 때 민주주의, 공공기관, 생산, 소비, 희소성, 지도를 배우고, 초등학교 5, 6학년 때 역사, 헌법, 인권, 국제기구, 경제, 기후 등을 배웁니다. 중학교에서는 초등학교 때 배운 이 모든 개념을 활용하여 좀 더 다양한 자료를 읽고 분석합니다.

그래서 초등학교 사회의 어휘와 개념이 정리되어 있지 않다면, 중학교에서 배우는 부분이 생소하거나 어렵게 느껴질 수밖에 없습니다. 이미 초등학교에서 배웠던 개념들을 중학교 사회 시간에 다시 배우기에는 수업 시간이 부족하고, 학습량이 많습니다. 중학생이 되기 전 방학을 이용해 초등학교 5, 6학년 사회 교과서를 꼼꼼히 정독하면서 이해되지 않은 어휘나 개념이 있다면 지나치지 말고 정리해 두면 도움이 됩니다.

사회에서 배우는 사회 교과

사회 교과서 속 내용은 교과서로만 배울 수 있는 게 아니에요.

사회라는 과목은 우리가 실제로 생활하는 이 사회에 관한 것들이기 때문에 실제로 우리 사회가 어떻게 돌아가고 있는지에 관심을 두는 것이 큰 도움이 됩니다.

알아 두면 유익할 개념이나 배경지식을 책 속에 나온 내용을 바탕으로 단순히 암기하는 것보다 TV, 라디오, 신문 등 다양한 매체를 활용해 익히는 걸 추천합니다. 이를 통해 사회 현상이나 사건들에 관심을 두다 보면 자연스럽게 사회 교과에 도움이 되며 어렵게 느껴졌던 개념과 현상이 자연스럽게 이해되기도 합니다. 초등학교 때 어린이 신문을 보던 아이라면, 중학교부터는 어른 신문을 함께 보면서 새로운 어휘와 사회 현상을 접하게 해 주세요. 아직 어른 신문을 함께 보기 힘들어한다면 텔레비전 뉴스로 시작하면 되고요.

사회 수행평가 대비법

학교 수업에만 충실하면 어렵지는 않은 과목입니다. 수행평가 때 교과 내용을 확장해서 생각하고 고민해서 준비해야 하는 것이 종종 눈에 띕니다. 제시된 사회 현상에 대해 검색, 조사해 보고 정리하여 글로 표현하기, 지도를 그리거나 보고서 작성하기, 민주주의와 선거 개념을 익혀 선거 포스터 제작하기, 홍보자료 만들기 등 다양한 방식의 수행평가가 진행됩니다.

수행평가 만점의 핵심과 정답은 수업 시간에 있습니다. 절대평가로 진행되는 중학교 사회 수행평가를 일부러 어렵게 꼬아서 낼 필요가 없다는 점을 기억하세요. 수업 시간에 교과서에 나온 지문, 그래프, 어휘에 관한 설명을 잘 듣고 정리하면 완성할 수 있는 수준의 수행평가가 대부분이라는 점을 기억해야 합니다. 좋은 점수를 받고 싶다면 수업 시간에 조금 더 집중할 것을 조언해 주는 것이 최고의 준비입니다.

사회 교과서 공부법

사회 평가를 대비하기 위해 좋다는 문제집을 풀면서 복습해야 한다고 생각하겠지만 그렇지 않아요. 교과서의 내용이 엄청나게 방대하거든요. 기본적으로는 교과서의 내용을 내 것으로 만들고 나서 문제집을 풀어도 늦지 않습니다. 또 하나 중요한 것은 사회 선생님이 수업 시간에 제공하는 유인물을 챙기고 확인하는 습관이고요.

교과서 본문을 읽을 때는 본문만 읽기보다는 옆과 하단에 있는 어휘 풀이·지도·도표·사진을 함께 참고하여 읽는 것이 본문 내용을 이해하는 데 훨씬 도움이 됩니다. 사진과 그림은 본문의 내용과 밀접하게 관련된 내용이 실립니다. 특히 선생님들이 사회 수행평가, 지필평가를 출제할 때는 평소 수업 시간에 강조하여 살펴봤던 교과서 사진을 그대로 사용하는 경우가 많기 때문에 교과서의 사진, 그래프, 도표 등을 소홀히 해서는 안 됩니다.

사회 문제집 활용법

지필평가가 없는 1학년에는 사회 문제집이 무용지물인 경우가 많습니다. 수업 시간에 집중하고 적극적으로 참여하면서 교과서의 내용을 제대로 이해한다면 만점을 받을 수 있는 수준의 수행평가만 봅니다. 그래서 중학교 입학 전에 사 둔 문제집을 일 년 내내 펴 보지도 않고 1학년 끝났다는 후기도 자주 듣습니다.

물론, 문제집을 제대로 활용하는 아이들도 있습니다. 수업 내용을 집중하여 듣고 교과서 내용을 제대로 기억하고 있는지를 확인하는 용도라면 시간의 부담이 없는 상태에서 문제집 한 권을 정해 꾸준히 풀어 보는 것도 도움이 됩니다. 사회는 교과서와 일치하는 출판사의 문제집이 아니어도 괜찮습니다.

중등 사회 공부를 위한 문제집 시리즈

한끝	체크체크	올리드

어휘와 개념을 알면 쉬운
과학

과학은 초등학교 1, 2학년의 '슬기로운 생활'에서 시작하여 고등학교 1학년의 통합과학 및 과학 탐구 실험 그리고 고등학교 선택 교육과정의 물리학, 화학, 생명과학, 지구과학, 과학사, 생활과학, 융합과학 과목까지 연계되는 과목입니다. 중학교에서는 고등학교의 선택 과목에 해당하는 것들을 통합하여 '과학'으로 배웁니다. 3년에 걸쳐 힘과 운동, 전기와 자기, 열과 에너지, 파동, 물질의 구조, 물질의 성질, 물질의 변화, 생물, 지구, 대기, 해양 등을 배웁니다. 초등학교 3, 4학년에서 배우는 지구와 5, 6학년 과정에서 배우는 속력은 중학교에서 지구의 구조나 등속운동, 낙하 운동을 배우는 데 토대가 됩니다.

중학교 1학년 과학 목차

학기	영역	단원
1학기	지구과학	1. 지권의 변화 　01. 지구계와 지권의 구조 　02. 지각의 구성 – 암석 　03. 지각의 구성 – 광물과 토양 　04. 지권의 운동
	물리	2. 여러 가지 힘 　01. 중력과 탄성력 　02. 마찰력과 부력
	생물	3. 생물의 다양성 　01. 생물 다양성과 분류 　02. 생물 다양성 보전
2학기	화학	4. 기체의 성질 　01. 입자의 운동 　02. 압력과 온도에 따른 기체의 부피 변화
	화학	5. 물질의 상태 변화 　01. 물질의 상태 변화 　02. 상태 변화와 열에너지
	물리	6. 빛과 파동 　01. 빛과 색 　02. 거울과 렌즈 　03. 파동과 소리
	기타	7. 과학과 나의 미래 　01. 과학과 나의 미래

　과학적인 사고력을 키우기 위해서는 과학의 지식과 이론이 바탕이 되어 있어야 합니다. 실험보고서나 탐구보고서를 쓰기 위해

서는 단원의 목표를 정확하게 알고, 기본 개념을 이해하고, 정리하며, 논리적인 흐름으로 정확하게 서술해야 하지요.

중등 과학, 어떻게 공부하면 좋을지에 관한 고민을 함께 시작해 보겠습니다.

교과서 용어 정리하기

왼쪽의 목차에서 눈치챌 수 있듯, 사회 교과만큼이나 중학생이 된 아이들이 어려워하는 것은 과학 관련 용어와 개념입니다. 입학하여 처음 배우는 과학 1단원의 제목에 나온 '지구계', '지권', '지각', '암석', '구조' 등의 어휘만 봐도 쉽게 눈치챌 수 있습니다. 물론 중학교 교과서 본문의 상당수의 어휘는 이미 초등 과학에 등장했던 것들이지만 기억을 못 한다는 게 함정이죠.

그래서 초등학교 때 과학 용어와 개념을 정리해 놓지 않았다면, 중학교에서는 생소한 어휘가 너무 많아 겨우 한 차시 동안 배우는 수업 내용이 버거울 수밖에 없습니다. 초등학교에서 다루었던 용어들까지 중학교 과학 시간에 다시 배우기에는 수업 시간이 부족하고, 중등 과정에서 새롭게 다루어야 할 학습량이 매우 많습니다.

그래서 중학생이 되기 전 방학을 이용해 초등학교 5, 6학년 과학 교과서를 꼼꼼히 정독하면서 용어와 개념을 정리해 두는 것이 좋습니다. 복습 문제집을 푸는 것보다 교과서의 용어를 확실히 기억하는 것이 더욱 큰 도움이 된다는 점 기억하세요. 교과서는 버렸고, 문제집 풀 시간은 없다면 시중의 교재 중 '초등 과학 개념 사전'이라는 것을 활용하는 것도 효율적인 방법입니다.

과학 수행평가 대비법

학교 수업에만 충실하면 과학 역시 절대평가에서 높은 등급을 받는 게 어렵지 않은 과목입니다. 수행평가 문항에는 교과서의 내용과 관련이 깊으면서도 확장해서 생각하고 분석하고 고민해서 준비해야 하는 활동이 종종 눈에 띕니다. 교과서에 제시된 그래프를 비교하고 분석하고 실험 결과를 논리적으로 정리하는 활동 등이 1학년 과학 수행평가의 주요 과제입니다.

과학 교과의 수행평가 만점의 핵심과 정답도 역시나 수업 시간에 있습니다. 절대평가로 진행되는 중학교 과학 수행평가를 일부러 어렵게 꼬아서 낼 필요가 없다는 점을 기억하세요. 수업 시간에 교과서에 나온 지문, 그래프, 용어에 관한 설명을 잘 듣고 정리하면 완성할 수 있는 수준의 수행평가가 대부분입니다. 좋은 점수를 받고 싶다면 수업 시간에 조금 더 집중할 것을 조언해 주는 것이 최고의 준비입니다.

과학 교과서 공부법

과학 수행평가를 대비하기 위해 좋다는 문제집을 풀면서 복습해야 한다고 생각하겠지만 그렇지 않아요. 교과서의 내용이 엄청나게 방대하고 새롭게 등장하는 어휘의 양이 제법 많거든요. 기본적으로는 교과서의 내용을 내 것으로 만들고 나서 문제집을 풀어도 늦지 않습니다. 또 하나 중요한 것은 과학 시간에 담당 선생님이 수업 시간에 제공해 주는 유인물을 챙기고 확인하는 습관이고요.

수행평가를 출제할 때는 평소 수업 시간에 강조하여 살펴봤던 교과서 본문 속 사진과 그래프를 그대로 사용하는 경우가 많기 때문에 교과서의 사진, 그래프, 도표 등을 소홀히 해서는 안 됩니다.

과학 문제집 활용법

지필평가가 없는 1학년에는 과학 문제집 역시 활용도가 떨어집니다. 전국 대부분 중학교 1학년에서 수업 시간에 집중하고 적극적으로 참여하면서 교과서의 내용을 제대로 이해한다면 만점을 받을 수 있는 수준의 수행평가를 봅니다.

물론, 문제집을 제대로 활용하는 아이들도 있습니다. 수업 내용에 집중하고 교과서 내용을 제대로 기억하고 있는지를 확인하는 용도라면 시간의 부담이 없는 상태에서 문제집 한 권을 정해 꾸준히 풀어 보는 것도 도움이 됩니다. 과학 역시 사회처럼 교과서와 일치하는 출판사의 문제집이 아니어도 괜찮습니다.

중등 과학 공부를 위한 문제집 시리즈

| 오투 | 하이탑 | 우공비 |

중등 기타 과목
공부법

역사

중학교 역사 과목은 세계사를 먼저 배우고 나서 한국사를 배웁니다. 대부분의 중학교가 2, 3학년에 역사 과목을 배정하기 때문에 2학년 때 세계사, 3학년 때 한국사를 배웁니다. 초등학교에서 역사를 배우는 학년은 5학년 2학기입니다. 중학교 역사는 초등학교 때 배운 한국사에 대한 기초적인 이해를 바탕으로 한국과 세계의 역사를 상호 연관 지어 배우게 됩니다.

수행평가 역시 세부적이고 단편적인 지식을 확인하는 것보다 역사 전체의 흐름을 알고, 역사적 인물에 관해 탐구하는 내용으로 이루어집니다. 6학년 겨울방학에는 초등학교 사회 교과서의 역사 부분의 전체적인 흐름을 살펴보고, 교과서에 나오는 용어에 대해서는 확실하게 이해하고 중학교에 올라갈 수 있도록 하세요. 너무 두껍거나 어려운 역사책을 추천하기보다는 아이의 독서 수준에 맞는 한국사와 세계사 시리즈를 읽게 해 주세요.

도덕

도덕은 사회의 문제에 관심을 가지고, 자신의 가치관을 세워 나가는 걸 배우는 과목입니다. 자신과의 관계에서 성실, 타인과의 관계에서 배려, 사회와 공동체의 관계에서 정의, 자연과의 관계에서 책임이라는 가치를 배웁니다. 차이점은, 초등학교는 기본적인 가치와 규범을 이해하는 수준이었다면, 중학교는 다양한 상황과 삶의 이야기를 살펴보면서 도덕적 가치와 정체성을 깊이 배운다는 겁니다. 사회 전반의 이야기와 상황에 관심을 기울여야 하지요. 도덕적 관념에 대한 지식은 물론 이를 적용하고 실천하는 덕성과 역량이 필요한 과목입니다. 실제로 도덕 일기를 쓰거나 토의, 토론을 통한 평가도 많이 이루어지지요. 도덕적 덕목은 주로 글이나 말과 같은 의사소통 능력으로 평가합니다. 자신의 도덕적 가치를 글과 말로 조리 있게 표현하는 연습이 필요하지요. 다양한 분야의 책을 읽고, 일기를 꾸준히 쓴다면 큰 어려움이 없을 것입니다.

기술·가정

초등학교 5~6학년에 배우는 실과 과목이 중학교에서 '기술·가정' 과목이 됩니다. 초등학교 '실과'는 실천적이고 창의적인 노작 활동을 통하여 일상생활에 필요한 지식, 기초 생활 능력, 가치 판단력 등을 함양하여 스스로 생활을 개선할 수 있도록 하는 데 목표를 둡니다. 이를 기반으로 중학교 '기술·가정'은 생활 속에서 직면하는 문제를 해결하는 과정을 생각해 보고 성인이 되어 자기 주도적이고 자립적인 삶을 살게 하는 것을 목표로 합니다.

기술 분야에서는 생활 속에서 접하는 수송, 통신 기술들을 창의적이고 융합적으로 해결할 수 있도록 기술적 지식과 방법을 배웁니다. 지식을 바탕으로 아이디어를 탐색하고 직접 제품을 만들어 보지요. 가정 분야에서는 아동기와 청소년기의 발달 단계를 배우고 각 단계에서 알고 실천해야 하는 지식과 생활 능력을 배웁니다. 음식이나 간단한 생활 도구를 직접 만들어 보는 실습을 합니다. 이 과목의 공부로는 지식을 암기하고 단편적인 문제를 풀기보다 평소 생활 속에서 기술의 발전과 공동체가 성장하는 과정에 의문을 가지고 관련된 책을 보는 것이 좋습니다. 그리고 수업 시간의 학습 목표를 정확하게 이해하고, 성실하게 과제를 해결하는 습관이 중요합니다.

정보

정보는 컴퓨터 과학적 지식과 기술을 배우고 실생활에 적용하는 능력을 배우는 교과입니다. 지식 정보사회를 이해하고 이에 맞는 정보 윤리 의식, 정보 보호 능력, 정보 기술 활용 능력을 배우

인터넷 코딩 무료 프로그램

고, 직접 프로그래밍하는 수업을 합니다. 3년 내내 배우는 과목이 아니라 한 개 학년에 편성되어 운영됩니다.

코딩 연습을 위해서는 스크래치, 엔트리 같은 인터넷 코딩 무료 프로그램을 체험해 보는 것이 도움이 됩니다.

체육, 음악, 미술

체육, 음악, 미술 등 예체능 과목은 지필고사를 보지 않고, 모두 수행평가로만 평가합니다. 또 A, B, C, D, E, 5개의 등급으로 나누어지는 일반 교과목과 달리 A, B, C, 3개의 등급으로 구분되고요.

물론 모든 수행평가의 종목은 수업 시간에 배운 것들입니다. 학교 수업에서 배우지 않은 악기나 종목으로 수행평가를 할까 봐 걱정되어 따로 악기 사교육을 받아야 하지 않나 걱정하는 부모님도 있습니다만 학교 수업 시간에 배우지 않은 것은 평가하지 않습니다. 수업 시간에 배운 것을 연습하여 평가하기 때문에 수업에 성실하게 참여한다면 좋은 성적을 받을 수 있습니다.

똑똑한 중학생은 이렇게 공부합니다

문제집 활용하기

중학교 입학을 앞두고 과목별 문제집을 미리 사는 경우가 있는데, 이 방법은 그다지 추천하지 않습니다. 중학교 1학년은 자유 학년제 기간이라 지필고사가 없기 때문에 교과 내용을 직접적으로 묻고 확인하는 형태의 문제집이 그다지 필요하지 않고, 알아서 문제집을 푸는 아이들도 많지 않거든요. 중등 선배 엄마들의 이야기를 들어 보면 1학년 때의 문제집들은 풀지 않고 새 걸로 고스란히 남은 경우도 많다고 합니다.

또, 입학 전에 중등 문제집을 미리 풀어 보면 어떨까 해서 예습을 하는 때도 있는데, 아이에게 실제로 크게 도움이 되는 상황은 아니니, 입학 후에 각 과목의 수업을 들어 보고 필요하다고 생각되는 과목의 자습서와 문제집을 결정해도 늦지 않습니다. 아이가 공부에 대한 의욕과 욕심이 있고, 학교 수업의 복습 용도로 활용하기를 원한다면 학교의 시험 일정이 아닌 본인만의 진도를 계획하여 착실히 풀어 가는 것이 유익합니다.

중학교 1학년은 자습서와 문제집 중 한 가지만 활용해도 부족함이 없습니다. 자습서는 초등 시기의 전과 같은 겁니다. 문제집을 살펴보면 확인할 수 있겠지만 문제집도 자습서 못지않게 요약 정리가 잘 되어 있기 때문에 둘 중에서 선택한다면 문제집을 추천합니다. 안 그래도 수행평가 준비에 바쁜 아이가 두 가지 교재를 병행하느라 너무 많은 시간을 쓰지는 않았으면 합니다.

2, 3학년 지필고사를 준비하기 위해 문제집을 선택할 때는 과목별로 차이가 있습니다. 국어, 영어는 교과서의 지문이 지필고사의 시험 지문으로 그대로 활용되는 경우가 많아 아이 학교의 교과서와 같은 출판사, 저자의 교재를 사는 것이 상당히 유리합니다. 국어, 영어를 제외한 과목은 교과서와 문제집의 출판사가 일치하지 않아도 큰 상관이 없습니다.

내신 대비를 위한 문제집에 관한 정확한 정보가 필요할 때는 동네 서점이 최고입니다. 인근 학교들의 출판사별 문제집을 정리해서 판매하고 있어 온라인 서점, 대형 서점보다 동네 서점이 정확합니다.

아이가 학원 수업이나 인터넷 강의를 병행하며 공부하고 있다면 학원과 인터넷 강의에서 사용하는 교재를 활용하는 것이 최고의 전략입니다. 그것은 그것대로 풀면서 개별 문제집을 더하는 경우 문제를 많이 풀기는 하겠지만 하루 종일 책상에 앉아 문제만 푸는 상황이 될 가능성이 매우 높습니다. 1학년 아이는 운동도 해야 하고, 책도 읽어야 하고, 유튜브도 봐야 하고, 게임도 좀 해야 하는데, 그렇게 많은 문제를 풀면서 고 3까지의 긴 마라톤을 완주할 수 있을까요?

학원 활용하기

학원에 가기로 정했다면 공부의 주체인 본인의 의사가 가장 중요합니다. 공부할 의지가 있는가가 문제지요. 물론, 의지가 없다는 이유로 사교육을 아무것도 안 시킬 수는 없기 때문에 아이의 상황과 의지에 따라 적절한 방식으로 시작해야 합니다.

이미 초등학교 시기부터 다양한 학원을 경험해 보았기 때문에 학원을 낯설어하는 아이는 없지만 학원을 지겨워하는 아이는 있을 수 있습니다. 그런 이유로 학원을 거부하기도 하고요. 그럴 때는 한 학기 정도 혼자 공부할 기회를 주는 것이 좋습니다. 그 시간 동안 느끼는 게 분명히 있습니다.

물론 부모님은 불안이 가득하겠지만 본격적인 입시 준비의 첫 단추를 끼우는 중학교 1학년 시기에 본인의 공부를 혼자 관리해 보는 경험도 의미가 있습니다. 쉬고 싶다면 잠시 쉬되 2학년 시험을 대비하여 공부 습관은 유지하도록 해야 합니다. 학원은 억지로 보낸다고 되는 게 아니거든요.

수행평가나 학교생활에 집중하는 시간을 갖는 것도 중요합니다. 학원을 오가는 시간, 수업을 듣고 숙제를 하는 시간을 포함하면 학원 하나가 추가될 때마다 많은 시간과 에너지가 듭니다. 피로를 이기며 성실히 임하는 아이도 있긴 하지만 학원 수업과 숙제로 심신이 피곤해지면 학교생활이 엉망이 되는 건 불 보듯 뻔합니다.

인터넷 강의 활용하기

중학생이 되면 약속이나 한 듯 본격적인 인터넷 강의의 세계에 입문합니다. 중등에서 본격적으로 인터넷 강의가 시작되는 이유가 있는데, 체력과 시간과 돈을 아끼면서도 괜찮은 알짜 수업을 들을 좋은 기회이기 때문입니다. 시간, 체력, 비용 등의 문제로 전 과목을 혼자 공부하거나 학원에 모두 다닐 수 없어 생겨난 사교육의 한 방식이지요. 보통 줄여서 '인강'이라고 하니, 본문에 '인강'으로 표기하겠습니다.

아이 수준에 맞는 마땅한 사교육을 찾기 어려운 지역에 거주하는 경우, 현재는 외국에 거주하지만 귀국 후의 학습이 걱정되는 경우, 학원에 오가는 시간과 체력을 아끼고 싶은 경우라면 각종 업체의 인강이 유익한 대안이 될 수 있습니다. 초등학교 시기보다 아이의 집중력이 높아져 현장 강의가 아닌 화상 강의에도 어느 정도까지는 수업에 집중할 수 있기 때문입니다. 물론, 아닌 아이도 많습니다만.

또, 모든 과목을 학원 수업과 과외로 해결할 수는 없기 때문에 인터넷 강의를 활용하는 것은 경제적, 시간적 측면에서 효율이 높습니다. 초등학교에서도 보통 영어, 수학 학원은 갔습니다. 사회, 과학까지 학원에 가지는 않았지요. 어렵고 복잡해지는 중등 과정을 혼자 해결하기가 어렵지만 이들 과목까지 학원의 도움을 받기에는 시간 여유가 없습니다. 인강을 수강하기 시작하면서 자연스레 엄마표 공부는 중단될 수밖에 없습니다. 초등까지는 엄마표로 끌고 가는 경우가 제법 있지만 내용이 어려워지고 엄마와의 신경전이 반복되면 엄마표도 한계를 만납니다. 엄마가 설명할 때는 귓등으로도 안 들으면서 화면 속 선생님의 설명은 재미있어할 거예요.

초등에서도 인강 형태의 공부를 했습니다. 코로나19로 인해 갑작스럽게 진행되었던 온라인 수업, 기억할 거예요. 화면 속 영상을 통해 교과서 내용을 배우고 이해해야 했죠. 또 EBS 초등 사이트에는 다양한 과목과 종류의 인강이 탑재되어 있고 최근 초등학생

사이에 인기를 끌고 있는 패드 학습도 넓은 의미에서의 인강에 포함됩니다.

인강도 아이의 의지에 달렸기 때문에, 아이가 공부하지 않는다면 아무리 훌륭한 인강도 소용이 없지요. 학원을 다닌다면 인강까지 추가할 필요는 없다고 생각해요. 수업을 많이 듣는다고 실력이 는다는 보장은 없기 때문에 학원에 다닌다면 인강은 큰 의미가 없습니다. 혼자 공부할 시간도 필요하기 때문입니다.

자기 주도적인 공부가 되는 아이는 인강 스케줄을 본인이 짜고 그것에 맞추어 진행합니다. 물론 인터넷 강의를 처음 접할 때는 요령을 몰라 그냥 멍하니 듣기만 하는데, 보면서 필기하는 법, 문제집 병행하는 법 등에 관한 부모의 가이드가 더해지면 효과는 좋아지게 됩니다.

인터넷 강의가 학원 수업과 비교하여 가지는 장단점을 살펴보겠습니다.

인터넷 강의의 장단점(학원 수업과 비교)

장점	단점
1. 학원보다 저렴한 비용으로 우수한 강사진의 수업을 들을 수 있다. 2. 학원에 오가는 시간을 아낄 수 있어 시간을 효율적으로 사용할 수 있다. 3. 원하는 시간에 맞춰 강의를 들을 수 있다.	1. 본인의 의지가 약하면 큰 효과를 볼 수 없다. 2. 관리적인 부분에서는 학원이 더 나을 수 있다.

인터넷 강의 종류별 특징

종류 및 특징

 EBS 중등
뉴런(무료), 유료(학교에서 열어 주기도 함.)

엠베스트
메가스터디(고등)의 중학 버전, 초등 인강까지 시청 가능
무료 영어 레벨 테스트 가능(지문 상당히 긴 편)

 강남구청 인터넷 강의
5만 원이면 1년 동안 모든 강의 시청 가능

나인스쿨
실시간 생방송 강의

 온리원
비상교육, 100시간 무료 체험 가능, 비상 교재 사용

스마트올 중학
웅진(초등) 중등 버전

인강을 활용하기로 했다면 어느 업체를 선택하느냐도 관건이 될 수 있습니다. 물론 좋은 강사진과 좋은 시스템, 높은 인지도가 중요한 항목이지만 어느 정도 인지도가 있는 업체의 경우는 거의 비슷하다고 보면 됩니다. 중요한 건 인강을 잘 활용할 수 있느냐입니다. 특히 초, 중등 인강의 경우는 활용도에 따라 성적향상이 하늘과 땅 차이입니다. 그래서 사용 전에 반드시 무료 체험을 활용해 보세요. 인지도가 높은 곳을 비교해 보니 가장 많은 회원을 보유 중이며, 더 중요한 건 무료 체험 시 발생하는 비용이 전혀 없는 곳(교재비, 교재 택배비를 요구하는 곳도 있더군요.)이더군요. 인강 사이트는 많으니, 먼저 체험해 보고 부모님이나 아이가 인강의 장점을 활용할 수 있는지 확인해 보는 것이 좋습니다.

중학생을 위한 강의를 운영하는 국내 교육 업체는 앞의 표와 같습니다. 버스 광고판에서라도 한 번쯤 본 적이 있을 텐데, 이제 광고 속 강의가 우리 아이와 관련되기 시작한다는 점에서 중학생 학부모임을 더욱 실감할 수 있을 거예요.

CHAPTER 6

．
．
．

예비 중학생
학부모를 위한
고민 상담소

．
．
．

입시의 첫 단추는 수학 선행이 아니라 생활 습관입니다. 중학교에 입학하는 아이에게 입시는 1년의 단거리 경주가 아닌 6년의 마라톤을 의미하기 때문이거든요. 건강을 망치면서까지 무리하거나 뒤죽박죽 엉망인 습관으로도 한두 번은 좋은 결과를 얻을 수 있겠지요. 고 3까지의 긴 여정을 생각한다면 차근차근 쌓아 올리는 좋은 생활 습관이 필수입니다.

좋은 생활 습관을 갖추도록 적극적으로 도와줘야 하는 이유가 있습니다. 우리 부모 세대는 좋은 생활 습관을 갖기가 그다지 어려운 일이 아니었거든요. 그 시대의 중학교 1학년은 아침에 눈 뜨면 학교 가고, 학교 가서 공부하다 집에 와 숙제하고 텔레비전 좀 보다가 잠드는 게 일상이었습니다. 친구들과 너무 늦게까지 어울려 놀다가 숙제를 못 해서 선생님께 혼나고, 밤늦게까지 텔레비전 앞에 앉아 있다가 부모님께 혼나며 서서히 생활 습관을 길러 갔을 거예요.

그런데 시대가 빠르게 변했습니다. 유혹 거리가 너무나 많습니다. 아마 더욱더 빠른 속도로 새로운 것들이 아이 앞에 나타날 거예요. 그래서 생활 습관을 무너뜨릴 수 있는 것들을 미리 알고 조절해 보는 경험을 갖는 것이 중요합니다. 부모와 아이의 대화를 통해 적절한 합의점을 찾는 것도 중요하고 말이에요.

중학생의 생활 중에서 학교, 가정에서 문제를 일으킬 소지가 있는 영역들에 대해 한 가지씩 짚어 보려고 합니다. 어떤 경우에도 아이와 부모 사이에 즉 우리 가정 안에서의 기본적인 '원칙'은 있어야 하며 부모, 아이, 가정의 상황에 따라 원칙을 유연하게 적용할 수 있어야 합니다. 중학생이 된 아이가 부모의 일방적인 지시에 순응하지 않는 것은 정상입니다. 왜 꼭 그래야 하는 건지 따지는 아이에게 더욱 강한 태도로 밀어붙일 건지, 대화로 합의를 끌어낼 것인지 부모님은 선택해야만 합니다.

중학생이 되면
스마트폰은 필수인가요?

스마트폰 사용 연령이 해마다 낮아지고 있습니다. 이미 많은 아이가 초등학생 때부터 스마트폰을 사용하기 시작합니다. 또, 초등학생 때까지 핸드폰, 스마트폰을 사용하지 않던 아이들도 중학생이 되면 주변의 분위기, 학교 수업의 분위기에 못 이겨 스마트폰을 개통하는 경우가 많습니다. 주위에 다 가지고 있고, 수업이나 과제에 사용된다고 하니 '스마트폰은 절대 안 돼'라던 부모의 원칙이 무너질 수밖에 없는 것이 현실입니다.

물론, 스마트폰 활용 정도는 지역마다, 학교마다 차이가 큰 편입니다. 스마트폰이 없어서 수업 시간에 불편을 겪는 경우가 아니라면 아직은 선택권이 있다고 봐도 무방합니다. 또, 일부 학군에서는 중학생 때까지 사용하던 스마트폰을 고등학생이 되면서 입시에 집중하기 위해 폴더폰(2G폰)으로 교체하는 경우도 있다고 하네요. 실제로 스마트폰 등 전자 기기의 사용에서 얼마나 자기 조절력을 발휘하느냐가 입시를 좌우하는 관건이라고 해도 과언이 아닐 만큼 스마트폰이 학업에 미치는 영향이 갈수록 커지고 있습니다.

2018년, '한국 미디어 패널'이라는 단체에서 발표한 어린이와 청소년의 휴대폰 보유 및 이용현황 조사 결과를 살펴보면 중학생과 고교생의 스마트폰 보유율은 각각 95.9%와 95.2%로 전체 연령층 평균(87.2%)보다 훨씬 높았습니다. 특히 중학생은 하루 평균 2시간 24분 정도 스마트폰을 사용해, 전 연령대에 걸쳐 스마트폰의 사용 시간이 가장 높은 것으로 조사되었습니다. 이 조사가 코로나19 이전인 2018년도의 결과이니 온라인 수업이 본격화된 2020년 이후의 스마트폰 관련 모든 수치는 이 결과에 비해 훨씬 늘어났을 것으로 추측됩니다.

학교 측에서 학생의 스마트폰 사용을 제한해 주기를 바랍니다. 나아가 스마트기기를 활용한 활동을 안 했으면 좋겠다는 솔직한 마음도 듭니다. 하지만 학교의 입장도 이해가 갑니다. 2020년 국가인권위원회에서 학교 내 휴대전화 전면 사용 금지는 인권침해에 해당한다고 밝히며 현재 많은 중학교에서 조례시간에 학생의 휴대 전화를 수거했다가 종례 시간에 돌려주는 것조차 헌법 상의 '행동의 자유'와 '통신의 자유'를 침해한다는 판단을 내렸거든요. 또한 국가인권위는 각 단위학교의 학교장에게 학생의 휴대전화 소지·사용을 전면 제한하는 행위를 중단하고 학생 생활 규정을 개정하라고 권고하기도 했습니다. 학생들의 스마트폰 소지와 사용을 학교 측에서 지도할 근거가 사라져 버린 것이죠.

스마트폰을 두고 아이와의 신경전이 점점 더 만만치 않을 거예요. 자율권을 달라는 아이와 원칙을 정해 지도하고 싶은 부모의 잦은 의견 다툼은 요즘 가정의 흔한 풍경이 되어 버렸습니다. 초등학생 때는 스마트폰 사용 시간을 제한하도록 설정하는 애플리케이션을 사용하던 아이들도 중학생이 되면 달라지는 모습을 보이기 시작하거든요. 알아서 할 테니 간섭하지 않았으면 좋겠다며 스마트폰을 들고 방으로 들어가 문을 닫아 버립니다. 사사건건 부딪칠 수도, 매일 화를 낼 수도 없어 내버려 두다 보면 엄마도 화병이 생깁니다.

아이의 스마트폰 사용이 거스를 수 없는 대세라면 원칙을 정하는 가이드가 필요합니다. 중학생의 스마트폰 문화를 이해하고, 긍정적인 부분을 생각하되 부모님의 관리가 필요하다는 것도 잊지 마세요.

스마트폰이 주는 긍정적인 효과에 관한 사례도 잠시 소개해 드릴게요. 미국 캘리포니아 대학의 한 연구소에서는 스마트폰에 대해 재미있는 실험을 했습니다. 대학생 참가자 141명을 스마트폰을 사용할 수 있는 그룹과 스마트폰을 지니고 있지만 사용을 제한한 그룹, 그리고 스마트폰을 아예 소지하지 못한 세 그룹으로 나눈 다음, 스트레스 반응을 확인해 봤어요. 그 결과 스마트폰을 소지하지 못한 그룹은 사회적 배제 상황에 대해서 배제감, 거절감, 고립감을 경험했으며, 스트레스 호르몬의 변화 수준이 실험 당시 스트레스를 받았다는 것을 보여 줬습니다.

그런데 다음 결과가 특이합니다. 스마트폰을 소지하고 있지만 사용할 수는 없었던 그룹에서는 스트레스 호르몬의 변화 수준이 비교적 평탄했고, 스마트폰을 사용한 그룹과 유의한 차이가 없었다는, 즉 스트레스 반응이 경미했다는 겁니다. 스마트폰을 몸에 지니는 것만으로도 스트레스에 대해 완충작용을 했으며, 사회적 고립감이나 배제감이 야기될 상황에서 스마트폰이 정서적 안식처의 역할을 해 주는 것으로 나타났습니다. 인간은 소속의 욕구가 있는 존재입니다. 그 욕구가 한창 왕성한 청소년기에는 주위 친구들이 모두 가지고 있는데 자신만 스마트폰이 없다는 이유만으로도 극심한 스트레스를 받을 수 있다는 얘기입니다. 스마트폰을 가지고 있는 것만으로도 스트레스가 줄어든다면 긍정적인 효과로 볼 수 있지요.

또 스마트폰은 이름 그대로 똑똑한 학습 도구가 되기도 합니다. 학습 계획을 세우고 메모를 할 수 있고요. 실시간으로 녹음하고 사진 찍는 일이 가능합니다. 어휘, 공식, 별자리, 사건, 기사, 경로, 인물 등 궁금한 것들을 언제 어디에서든 편하고 빠르게 검색하는 것도 가능합니다. 제대로 활용하기만 한다면 폭넓은 정보를 얻는 통로가 되지요.

그리고 스마트폰은 부모와 늘 연락할 수 있는 안전한 도구입니다. SNS를 통해서 자신의 이동 방향을 수시로 알려 줄 수 있고요. 그렇지 않더라도 GPS를 통해 아이의 위치를 확인할 수 있습니다. 아이가 학교 이외의 곳으로 이동이 잦거나 대화를 거의 하지 않는 사춘기 시기에 아이들의 위치를 파악할 수 있다면 부모에게는 고마운 존재가 되기도 합니다.

이와 같은 여러 가지 이유로 아이의 스마트폰 사용이 시작되었다면 대화와 원칙이라는 우리 가정만의 문화가 필요합니다. 사춘기에 접어든 중학생 아이가 가장 불만스러운 지점은 '왜 아무 말도 없다가 갑자기 혼을 내고 못 하게 하냐'인데, 서로에게 합의된 원칙이 없었기 때문일 겁니다. 설혹 있었다 하더라도 부모의 일방적인 지시와 강요로, 아이가 따르고 싶지 않은 원칙이기 때문일 겁니다.

스마트폰을 사용할 때 '어떻게 사용할 것인가'에 관해 부모와 아이의 사전 합의가 필요합니다. 인터넷 환경과 스마트 기기가 최상으로 제공되는 집 안에서 스마트 기기가 무한정으로 허용된 상황에서는 아이의 자발적인 조절을 기대하기 어렵습니다. 원칙이 없어서 모든 것을 스스로 조절해야 하는 상황에서 스마트폰을 들여다보고 싶은 마음을 애써 누르기 위해 아이가 너무 많은 에너지를 쏟는 건 아닌지 점검해 봐야 합니다. 부모님과 대화를 통해 합의한 원칙이 있다면 그 원칙에 따르는 정도의 에너지와 노력만으로 충분하거든요. 아무리 나만의 스마트폰이 있어도 마음껏 사용할 수는 없으니 지금 스마트폰을 할까 말까 갈등하게 만드는 마음의 동요가 적습니다. 그렇게 아낀 아이의 에너지와 시간은 독서, 운동, 공부 등 사용할 곳이 많습니다.

스마트폰 사용 원칙에 관한 합의를 시도할 때 대화를 나누면 좋을 만한 주제를 알려 드릴게요. 이것에 대해 부모와 아이가 서로 다른 의견을 갖고 있음을 확인하고 어느 정도 선에서 절충할지를 조절하여 원칙으로 자리 잡게 만들어 주세요. 원칙은 너무 많이 정하지 않는 거 아시죠? 함께 정한 원칙 두세 개 정도만 지켜도 성공입니다.

① 중학생에게 스마트폰은 필요한 것일까?

② 스마트폰을 자유롭게 사용해야 할까, 원칙을 정해 놓고 사용해야 할까?

③ 스마트폰 자유 시간은 하루 중 어느 정도면 충분할까?

④ 약속된 스마트폰 자유 시간 이외의 시간에는 어디에 어떻게 보관하면 좋을까?

⑤ 침대에 누워 스마트폰을 하다가 자는 시간이 늦어지는 건 괜찮을까?

⑥ 스마트폰 사용에 관한 약속을 지키지 않았을 때는 어떻게 해야 할까?

⑦ 부모님의 스마트폰 사용에 관해 건의하고 싶은 부분이 있는지?

⑧ 평일과 주말의 스마트폰 사용 시간은 같은 게 좋을까, 다른 게 좋을까?

아들, 딸의 성교육은
언제, 어떻게 해야 할까요?

　　스마트폰 사용만큼이나 중학생 학부모를 난감하게 만드는 숙제는 성교육입니다. 각종 학교 폭력, 성 관련 범죄의 증가 속도와 정확히 비례하는 걱정이 아닐 수 없습니다. 굳이 큰 노력 없이도 성 관련 범죄의 빈도, 횟수가 얼마나 증가하고 있는지를 알 수 있을 만큼 관련 기사를 자주 접할 수 있다는 것이 그 증거입니다. 그뿐만이 아닙니다. 관련 기사에 등장하는 피해자의 연령이 해가 갈수록 낮아지고 있습니다. 성인 성범죄의 대상이 우리 아이들이 되고 있고, 고등학생도 모자라 중학생, 초등학생의 성범죄 피해 기사가 끊이지 않습니다.

　　어디서부터 어떻게 지도해야 그런 일을 피할 수 있을지, 혹시 피해를 당했다면 어떻게 도와야 할지, 이제 막 중학생이 된 어린아이에게 성교육을 어떻게 시도해야 할지를 하나씩 생각해 볼게요.

기본 원칙은 '보다 적극적인 성교육'입니다. 중학생 아이를 가르치고 키우는 저희의 바람이 있다면 더 많은 부모님이 지금보다 훨씬 더 적극적으로 자녀의 성교육에 관심을 가졌으면 한다는 점이에요. 세상이 예전 같지 않기 때문입니다. 겉으로는 아닌 척하지만 중학생이 된 아이는 성에 관한 관심이 폭발적으로 늘어납니다. 유튜브 영상을 이리저리 둘러보면 성적인 내용을 암시하는 호기심과 궁금증을 자극하는 섬네일을 찾는 게 어렵지 않습니다. 마침 그 현장을 목격하지 못했을 뿐 성과 관련된 검색어를 넣어 본 아이도 많습니다. (저희 아이들은 그 현장을 딱 걸렸습니다.) 어른으로 성장하는 과정에서 일어나는 자연스러운 모습입니다. 이전보다 그 시기가 확연히 빨라졌고, 점점 더 빨라질 거라고 생각됩니다. 아이들은 궁금해하는데 부모님은 본인의 부모 모습을 따라 하며 감추고 모른 척하기 바쁩니다. 학교의 성교육은 틀을 벗어나지 못합니다.

그래서 부모님으로부터 시작되는 보다 적극적인 성교육이 필요합니다. 아이마다 시기의 차이가 있을 뿐 결국 음란물을 접하게 되는 때는 오게 마련인데, 그 전에 성에 관한 바른 가치관을 가질 수 있도록 도와주세요. 음란물을 접한 뒤 중독으로 이어지지 않

중등 성교육을 위한 추천 도서

| Why? 사춘기와 성 | 소녀들을 위한 내 몸 안내서 | 안녕, 나의 사춘기 |

도록 도와주세요. 배경지식이 전혀 없는 상태에서 의도치 않게 음란 사진, 영상물을 보게 되면 그 충격이 오래 지속되며 오히려 과한 궁금증으로 연결될 수 있습니다.

사춘기가 되어
달라진 아이를
어떻게 대해야 할까요?

아이가 예전 같지 않음을 느낄 때, 부모는 보통 '사춘기인가' 생각을 하게 됩니다. 말투, 눈빛, 행동 등에서 어린아이의 태가 많이 벗겨지고 반항과 짜증의 횟수가 늘어나면서 주장이 강해지는 모습. 서운함과 당혹스러운 감정이 드는 부모는 이런 아이를 혼내고 다그치며 훈육하지만 아이는 쉽게 예전 모습으로 돌아오지 않습니다.

초등 고학년 정도부터 이러한 사춘기의 징후를 보이던 아이들이 중학생이 되면서부터는 한층 더 사춘기 학생의 느낌을 풍기는데, 아직 시작에 불과할 수 있습니다. 많은 중학생에게 사춘기의 정점은 2학년이며 그 정점을 향해 가는 중이라고 생각하면 좋습니다.

사춘기는 나쁘고 힘들기만 한 거라 단정 짓지 않았으면 합니다. 어른이 되어 가는 평범하고 당연한 과정이니까요. 부모인 우리가 학창 시절에 소소한 반항과 불만에 사로잡힌 사춘기를 보냈던 걸 생각하면 요즘 아이들의 태도는 과하다고 느껴지는 점도 있지요. 하지만 자신만의 뚜렷한 생각과 스스로에 관한 깊은 고민을 하게 되는 이런 과정이 없이는 제대로 된 성인이 되기 어렵습니다. 성장기에 사춘기를 제대로 겪지 않아 비교적 부모님 속을 덜 썩이고 수월하게 보냈던 학생이 대학생, 직장인이 되어 혹독한 사춘기를 겪는 일도 드물지 않습니다.

중학생이 되어 사춘기의 정점에 오르는 아이를 보면 화도 나고 속상한 마음이 드는 게 솔직한 심정이지만 이 어려운 시기를 잘 보내고 나면 다시 예전의 착한 딸, 아들로 돌아올 거라는 희망으로 마음을 다스리는 부모가 되었으면 합니다. 아이의 성장을 따뜻한 눈으로 지켜보며 기다려 주는 것 말고 부모가 할 수 있는 더 중요한 일이 있을까요?

아이의 모습을 인정해 주되 가족 간에 지켜야 할 최소한의 원칙은 필요합니다. 이것까지 무너져 너무 멀리 가 버리면 돌아오기 힘들 수도 있거든요. 학생으로서 하지 말아야 할 음주, 흡연, 성관계, 무단결석, 가출, 학교 폭력, 수업 중 태도 등의 사례를 가지고

사춘기를 지나는 중인 아이가 읽어 보면 좋을 추천 도서

사춘기라서 그래?	사춘기라서 그런 거 아니거든요!	빅 걸	빅 보이

아이와 대화를 나누어 주세요. 무조건 안 된다거나 나쁜 일이라고 단정 짓기보다는 이런 순간의 선택이 어떤 결과를 가져오는지에 대해 생각해 볼 기회를 주세요.

사춘기 아이 때문에 눈물지어 본 부모라면 함께 읽어 볼 좋은 책을 소개해 드립니다. 답답한 마음을 털어놓을 곳이 없다면, 나만 힘든 게 아니었구나, 하는 위로를 받게 될 거라고 생각해요.

아이의 이성 교제,
허락해도 괜찮을까요?

초등학생 때는 친구로 지내던 아이들이 본격적으로 이성 교제를 시작하는 시기가 중학생입니다. 물론 초등 교실에도 서로 교제를 선언한 커플은 있습니다만 '다른 아이들보다는 조금 더 친한 사이' 혹은 '사귄다고 말로만 해 놓고 정작 별다른 차이가 없는 사이'인 경우가 많습니다. 그래서 어렵게 고백하고 교제를 시작했지만 언제 끝났는지 모르게 흐지부지되는 아이들이 대부분입니다.

하지만 중학생의 이성 교제는 다릅니다. 사춘기의 호르몬 변화로 인해 이성을 향한 강한 호기심과 호감이 생기기 때문입니다. 다른 친구들에게 서로의 특별한 관계를 선언하고 자랑하며 스킨십을 나누고 연락을 자주 주고받는 것은 물론이고 둘만의 시간을 갖기 위해 부모님, 친구들에게 거짓말을 둘러댑니다. 그런 아이를 보는 부모의 걱정스러운 시선에도 불구하고 이런 식의 본격적인 이성 교제는 점점 더 활발해지는 추세입니다.

남, 여의 자연스러운 성장 속도 차이를 고려해 보면 요즘 아이들의 이성 교제 추세는 사춘기가 먼저 온 여학생이 또래 남학생에게 고백하는 경우가 늘어나고 있으며 상대를 더욱 진지하게 생각하고 교제를 하는 편입니다. 그러다 보니 남자 친구를 계속 떠올리느라 공부, 일상생활, 가족 간의 대화에 집중하지 못하는 경우가 종종 생깁니다. 반면, 상대적으로 사춘기가 늦게 오는 남학생들은 이래도 좋고 저래도 좋은 정도, 그러니까 다른 여자애들보다는 조금 더 친한 친구 정도로 생각하기도 합니다. 이 시기의 여학생들이 진지한 연애 감정을 바라는 것과는 대조적이죠.

이렇게 연애의 감정에 푹 빠져 있는 아이를 보는 건 결코 쉬운일이 아닙니다. 이럴 때는 아이가 이성 교제 말고 다양한 취미, 모임, 활동을 경험해 보도록 도와주는 것이 좋습니다. 교제 중인 이성 친구의 연락을 기다리느라 종일 휴대전화만 붙잡고 있지 않도록 가족과의 여행, 영화 관람, 동성 친구와의 만남 등을 유도해 주세요. 아이의 이성 교제를 걱정스럽게 바라보기보다는 동성 친구들과의 즐거운 분위기를 통해 이성 친구와의 만남 외에도 즐거운 일이 많다는 걸 느끼게 해 주세요.

05

대중교통을 이용하는 법을
미리 알려 줘야 할까요?

    중학생이 된 아이라면 혼자서도 대중교통을 이용할 수 있습니다. 빠르고 야무지고 독립심이 강한 아이라면 초등 3, 4학년부터 버스, 지하철 등의 대중교통을 혼자 이용해 본 경험이 있을 테지만, 중학생이 될 때까지 혼자 대중교통을 이용해 본 경험이 없을 수도 있습니다. 아이 성향에 따라 이 시기는 크게 다를 수 있으니 빨리 경험시키기 위해 노력하거나 늦었다고 조바심 낼 필요가 없습니다. 아이에 따라서 아직 절실한 필요를 느끼지 못할 수도 있을 거고요.

    부모가 늘 자가용으로 픽업해 주고, 학원 셔틀버스를 불편함 없이 이용할 수 있는데 혼자 대중교통을 이용할 일이 있겠냐고 생각할 수도 있습니다. 하지만 필요가 없어 이용하지 않는 것과 몰라서 이용하지 못하는 건 분명히 다릅니다. 언제 어떤 상황에서도 당황하지 않고 대중교통을 이용할 수 있도록 미리 경험시키는 것은 부모가 주는 선물과도 같은 거라고 생각하세요. 그렇게 어른이 되는 거라고 생각하자고요.

대중교통을 혼자서도 이용할 줄 알아야 하는 이유에 대해 아이가 충분히 이해한 상태라면 아이가 사용할 교통 카드를 준비해 주세요. 청소년용 선불 교통 카드는 편의점에서 살 수 있는데, 충전금액을 1만 원 단위로 미리 충전하고 잔액이 부족하면 승차가 불가능하다는 불편함이 있습니다. 그래서 아이 명의의 은행 계좌가 있는 경우, 이 계좌와 연결된 후불 교통 카드 기능이 포함된 카드를 발급받아 사용할 수 있습니다. 이러한 후불 교통 카드는 전 금융기관을 통틀어 1장만 발급 가능합니다. 주민센터에서 발급받는 청소년증에 포함된 교통 카드 기능을 활용해도 됩니다. 또, 아이가 스마트폰을 가지고 있다면 모바일 티머니 앱을 깔고 부모님의 카드를 연결하면 잔액이 자동 충전되는 것도 있습니다. 만약 초등학생 때 사용하던 어린이용 교통 카드가 있다면 아이의 생일을 기준으로 만 12세가 되면 자동으로 청소년 요금이 부과되므로 그대로 사용하면 됩니다.

교통 카드를 마련해 주고 대중교통을 이용하는 방법을 자세히 설명했다 하더라도 목적지까지 혼자 가 봐라, 혼자 집까지 와 보라고 하면 당황하여 알던 길도 헷갈립니다. 엄마가 아이의 뒤를 따르고 아이가 앞장선 채 목적지까지 찾아가게 해 주세요. 환승이 없고 짧고 단순한 코스로 시작하여 점점 그 범위를 넓혀 가되 한 번으로 부족하다면 두세 번 정도는 같은 길로 함께 다니며 아이의 자신감을 길러 주는 것이 부모의 역할입니다. 몇 번 반복하면 부모보다 앞서 길을 찾으며 걷는 아이의 발걸음에 힘이 들어감을 느낄 수 있을 겁니다. 낯선 중학 생활을 준비하는 아이에게 혼자 시도하는 대중교통 이용이 짜증 나고 힘든 숙제가 아닌 새롭고 설레는 경험이 될 수 있도록 격려해 주세요.

운동할 시간이 없는데,
그만해도 되겠죠?

초등학교 저학년 때까지 태권도, 줄넘기 등의 운동을 지속하던 아이들이 고학년이 되면서 늘어나는 영어, 수학의 학원 시간을 감당하기 어려워지면 우선순위로 정리하는 것이 운동 시간입니다. 당연한 모습입니다만 모두가 그런 선택을 한다고 해서 그 전략이 옳다고 생각하여 당연하다는 듯 따라가지는 않았으면 합니다. 본격적인 입시는 중학교 1학년부터 6년에 걸친 장기 레이스이기 때문입니다.

체력은 성적을 결정짓는 중요한 요소임에도 불구하고 영어, 수학처럼 시험 한 번으로 평가받고 점수로 증명 가능한 항목이 아니다 보니 우선순위에서 점차 뒤로 밀리고 맙니다. 하지만 단언할 수 있는 사실은 체력이 실력이라는 점입니다. 운동으로 체력을 유지하고 운동으로 스트레스를 풀 수 있는 분위기에서 공부하는 아이들은 크게 어긋나지 않습니다. 더불어 공부와 성장, 두 가지를 모두 잡으며 만족스러운 입시 성적을 기대해 볼 수 있습니다.

남학생들은 친구들과 어울려 즐기는 운동을 계기로 자연스러운 친구 관계를 만들어 갈 기회가 있어 다행스럽지만 여학생들은 초등 고학년 때부터 운동과 멀어지는 경우가 많아 걱정스럽습니다. 체력 관리가 소홀해져도 당장은 그 차이가 눈에 보이지 않습니다. 그러나 고등학생이 되어 공부 시간이 확 늘어나면 체력 관리에 소홀했던 아이들은 졸리고, 피곤하고, 기운이 없는 상태에서 괴롭게 버티며 공부하게 됩니다. 그래서 중학생 시기에 체력 관리에 신경을 많이 써야 합니다.

초등 저학년 때처럼 태권도장, 줄넘기 학원 등을 매일 다니기는 어렵겠지만 주말을 이용한 조깅, 등산, 산책, 보드, 배드민턴, 줄넘기, 자전거 타기 등 몸을 움직이는 운동을 꾸준히 지속하는게 좋습니다.

07

입학 전 방학은
어떻게 보내면 좋을까요?

    입시를 위한 본격적인 실력 다지기에 들어가는 6학년 겨울 방학을 어떻게 보내면 좋을까요? 유명 학원의 방학 특강을 찾아 들으면 부모는 불안을 덜 수 있겠지만 그게 전부는 아닙니다. 특강을 듣는다고 해서 모든 수업 내용을 제대로 소화한다는 보장이 없거든요. 어느 학원이든, 어떤 수업이든 수업 내용을 이해하면서 제대로 본전을 얻어 가는 아이들은 절반이 되지 않는 것이 현실입니다.

    중학교 입학을 앞둔 6학년 겨울 방학은 그 어느 시기보다 학부모와 아이의 긴장도가 높습니다. 마치 초등학교 입학 전에 그랬던 것처럼 말이죠. 최근 학사 일정의 동향을 보면 1월 초, 중순 정도에 초등학교 졸업식을 마치고 중학교 입학 전까지 긴 방학을 가지는 경우가 많습니다. 부족한 공부를 보충하고 학습 습관을 잡을 수 있는 시간으로 활용하면 다행스럽지만 반대의 경우도 적지 않습니다. 학기 동안 지속하던 공부 습관이 방학을 계기로 심하게 망가지거나 춥다는 이유로 집에 틀어박혀 스마트폰, 게임, 유튜브만 들여다보느라 생활 습관까지 망가지는 아이도 많습니다. 또, 초등학교는 졸업했고 아직 중학교 소속이 아니다 보니 뚜렷한 방학 과제물도 없어 게으르게 실컷 노는 것으로 귀한 방학을 보내기도 하고요.

그래서 6학년 2학기 즈음 아이의 학습 수준과 심리적인 상태를 파악하는 것이 중요합니다. 아이가 공부에 자신감이 없긴 하지만 해 보겠다는 의지가 있고 부모와의 관계도 원만한 상태라면 긴 방학을 활용해 부족한 공부를 보충하고, 배울 내용을 미리 살펴보면서 공부 자신감을 심어 주는 것이 최선의 전략이 될 수 있습니다. 반대로, 성적은 괜찮은 편이나 사춘기를 심하게 겪으면서 공부 의욕이 바닥을 치고 게임에만 매달려 있으면서 반항을 지속하는 상태라면 학원 특강만이 보약일 수는 없습니다.

아이가 자신 있어 하는 한두 과목 정도의 예습, 선행은 의욕적인 방학을 보내는 데에 도움이 될 수 있습니다. 하지만 이 시기에 해야 할 가장 중요한 일은 초등 과정의 꼼꼼한 복습이에요. 시간과 마음 모두 여유가 생기는 방학에만 할 수 있는 유익한 활동이 있습니다. 과목별로 각각 어떤 부분을 신경 써서 방학을 보내야 할지 알려 드릴게요

중학교 입학 전에 하면 좋은 과목별 복습 내용

국어	중1 국어 문학/비문학 영역 독해 문제집 풀어 보기(0단계부터) 한국 대표 단편 소설집 읽어 보기
수학	6학년 교과서 복습, 꾸준한 연산 훈련
영어	영어 챕터북 수준의 독서, 매일 영어 듣기
사회	5, 6학년 사회 교과서 정독하기
과학	5, 6학년 과학 교과서 정독하기

부록

전국 국어 교사 추천 중학교 학년별 도서 & 사이트 목록

1학년 추천 도서 목록

출처: 전국 국어 교사 모임

순	제목	저자	출판사	영역
1	1분	최은영	시공사	소설
2	검은 바다	문영숙	문학동네	소설
3	구덩이	루이스 쌔커	창비	소설
4	구미호 식당	박현숙	특별한서재	소설
5	그래도 나는 피었습니다	문영숙	서울컬렉션	소설
6	금연학교	박현숙	자음과모음	소설
7	까칠한 재석이가 달라졌다	고정욱	애플북스	소설
8	나는 나를 돌봅니다	박진영	우리학교	인문사회
9	나의 두 사람	김달님	어떤책	에세이
10	나의 아름다운 첫 학기	이근미	물망초	소설

11	나이 도둑	정해왕	해와나무	동화
12	난 그것만 생각해	카림 르수니 드미뉴	검둥소	소설
13	내 친구는 슈퍼스타	신지영	북멘토	소설
14	내가 함께 있을게	볼프 에를브루흐	웅진주니어	그림책
15	너 지금 어디가	김한수	창비	소설
16	다이어트 학교	김혜정	자음과모음	소설
17	담임 선생님은 AI	이경화	창비	동화
18	더러운 나의 불행 너에게 덜어 줄게	마르탱 파주	내인생의책	소설
19	독고솜에게 반하면	허진희	문학동네	소설
20	동물원에 동물이 없다면	노정래	다른	인문
21	레몬이 가득한 책장	조 코터릴	라임	소설
22	로그인하시겠습니까?	이상대 엮음	아침이슬	소설
23	류명성 통일빵집	박경희	뜨인돌	소설
24	맹탐정 고민 상담소	이선주	문학동네	소설
25	못다 핀 꽃	이경신	휴머니스트	에세이
26	뭐든 될 수 있어	요시타케 신스케	스콜라	그림책
27	바다로 간 별들	박일환	우리학교	소설
28	밥데기 죽데기	권정생	바오로딸	동화
29	별 볼 일 있는 녀석들	양호문	자음과모음	소설
30	불만이 있어요	요시타케 신스케	봄나무	그림책
31	블랙아웃	박효미	한겨레아이들	동화
32	뻔뻔한 가족	박현숙	서유재	동화
33	사자왕 형제의 모험	아스트리드 린드그렌	창비	동화
34	사춘기라서 그래?	이명랑	탐	소설
35	살아, 눈부시게!	김보통	위즈덤하우스	에세이

36	서찰을 전하는 아이	한윤섭 글 백대승 그림	푸른숲주니어	동화
37	세계를 건너 너에게 갈게	이꽃님	문학동네	소설
38	셜록 홈즈	아서 코난 도일	황금가지	소설
39	소년 소녀 진화론	전삼혜	문학동네	소설
40	소년 소녀, 과학하라	김범준 외	우리학교	과학
41	수상한 진흙	루이스 쌔커	창비	소설
42	수학으로 힐링하기	이수영	홍성사	에세이
43	아르주만드 뷰티살롱	이진	비룡소	소설
44	아무도 들어오지 마시오	최나미	사계절	소설
45	아빠를 주문했다	서진	창비	동화
46	안녕, 베트남	심진규	양철북	동화
47	안중근 재판정 참관기	김흥식	서해문집	인문사회
48	어느 날 가족이 되었습니다	박현숙	서유재	동화
49	어느 날 내가 죽었습니다	이경혜	바람의아이들	소설
50	어쩌다 중학생 같은 걸 하고 있을까	쿠로노 신이치	뜨인돌	소설
51	어쩌다 보니 왕따	좌백	우리학교	소설
52	엄마의 마흔 번째 생일	최나미	사계절	동화
53	여름이 준 선물	유모토 가즈미	푸른숲	소설
54	여우의 화원	이병승	북멘토	동화
55	오빠를 위한 최소한의 맞춤법	이주윤	한빛비즈	문법
56	옥수수 빵소니	박상기	창비	소설
57	우주로 가는 계단	전수경	창비	동화
58	원예반 소년들	우오즈미 나오코	양철북	소설
59	위험이 아이를 키운다	편해문	소나무	에세이

60	유령부	알렉스 쉬어러	미래인	소설
61	유튜브의 신	대도서관	비즈니스북스	에세이
62	이게 정말 나일까	요시타케 신스케	주니어김영사	그림책
63	이게 정말 천국일까	요시타케 신스케	주니어김영사	그림책
64	이유가 있어요	요시타케 신스케	봄나무	그림책
65	장수 만세!	이현	창비	소설
66	저스트 어 모멘트	이경화	탐	소설
67	존재, 감	김중미	창비	에세이
68	주먹은 거짓말이다 (조커와 나)	김중미	창비	소설
69	지독한 장난	이경화	뜨인돌	소설
70	지옥학교	아르튀르 테노르	내인생의책	소설
71	체리새우: 비밀글입니다	황영미	문학동네	소설
74	컬러풀	모리 에토	사계절	소설
75	톡톡톡	공지희	자음과모음	소설
77	통조림을 열지 마시오	알렉스 쉬어러	미래인	소설
78	팬티 바르게 개는 법	미나미노 다다하루	공명	인문사회
79	푸른 늑대의 파수꾼	김은진	창비	소설
80	푸른 하늘 저편	알렉스 쉬어러	미래인	소설
81	프로게이머를 꿈꾸는 청소년에게	조형근	가나북스	에세이
82	프린들 주세요	앤드루 클레먼츠	사계절	소설
83	플라스틱 빔보	신현수	자음과모음	소설
84	하모니 브라더스	우오즈미 나오코	사계절	소설
85	할머니의 열한 번째 생일 파티	라헐 판 코에이	낮은산	소설
86	햇빛 마을 아파트 동물원	정제광	창비	동화

87	행복한 나라 부탄의 지혜	사이토 도시야, 오하라 미치요	공명	에세이
88	허세라서 소년이다	김남훈	우리학교	인문
89	홈으로 슬라이딩	도리 힐레스타드 버틀러	미래인	소설
90	휴대폰 전쟁	로이스 페터슨	푸른숲주니어	소설
91	희망의 목장	모리 에토 글 요시다 히사노리 그림	해와나무	그림책

2학년 추천 도서 목록

순	제목	저자	출판사	영역
1	10대를 위한 사랑학 개론	정연희 외	꿈결	사회
2	10대와 통하는 성과 사랑	노을이	철수와영희	사회
3	2미터 그리고 48시간	유은실	낮은산	소설
4	4월이구나, 수영아	최숙란	서해문집	에세이
5	5월 18일, 맑음	임광호 외	창비	역사
6	가시 고백	김려령	비룡소	소설
7	강남역 10번 출구, 1004개의 포스트잇	경향신문 사회부 사건팀	나무연필	사회
8	거기 내가 가면 안 돼요? 1, 2	이금이	사계절	소설
9	경찰관 속으로	원도	이후진프레스	에세이
10	고릴라는 핸드폰을 미워해	박경화	북센스	과학
11	고장난 거대 기업	이영면 외	양철북	사회
12	광장에 서다	윤혜숙 외	별숲	소설
13	괜찮아, 인생의 비를 먼저 맞 았을 뿐이야	김인숙, 남민영	휴(休)	에세이

14	구름 위 마음이 따뜻해지는 이야기	사에구사 리에코	함께북스	에세이
15	구미호 식당	박현숙	특별한서재	소설
16	그날 고양이가 내게로 왔다	김중미	낮은산	소설
17	그래도 나는 피었습니다	문영숙	서울셀렉션	소설
18	그림책이면 충분하다	김영미	양철북	에세이
19	그치지 않는 비	오문세	문학동네	소설
20	금요일엔 돌아오렴	416세월호참사 작가 기록단	창비	수필
21	기억 전달자	로이스 로리	비룡소	소설
22	나는 내가 누구인지 말할 수 있었다	미카엘 올리비에	바람의아이들	소설
23	나는 매주 시체를 보러 간다	유성호	21세기북스	에세이
24	나는 초콜릿의 달콤함을 모릅니다	타라 설리번	푸른숲주니어	소설
25	나에 관한 연구	안나 회글룬드	우리학교	소설
26	낙타는 왜 사막으로 갔을까	최형선	부키	과학
27	내 어깨 위 고양이, 밥(Bob)	제임스 보웬	페티앙북스	에세이
28	내일 말할 진실	정은숙	창비	소설
29	노근리, 그해 여름	김정희	사계절	소설
30	다시 봄이 올 거예요	416세월호참사 작가 기록단	창비	수필
31	당신의 별자리는 무엇인가요?	유현준	와이즈베리	에세이
32	리남행 비행기	김현화	푸른책들	소설
33	웃음을 선물할게	김이설, 박상영	창비	소설
34	멧돼지가 살던 별	김선정	문학동네	소설
35	명령(그들이 떨어뜨린 것)	이경혜	바람의아이들	소설

36	밀레니얼 칠드런	장은선	비룡소	소설
37	바다소	챠오원쉬엔	다림	소설
38	발차기	이상권	시공사	소설
39	백마 탄 왕자들은 왜 그렇게 떠돌아다닐까	박신영	페이퍼로드	세계사 (교양)
40	백설 공주는 왜 자꾸 문을 열어줄까	박현희	뜨인돌	인문사회
41	벌레들	이순원 외	북멘토	소설
42	별을 보내다	대한사회복지회	리즈앤북	사회
43	보손 게임단	김남중	사계절	소설
44	불량한 주스가게	유하순	푸른책들	소설
45	비트 키즈	가제노 우시오	창비	소설
46	빨간 신호등 (영두의 우연한 현실)	이현	사계절	소설
47	사랑에 빠질 때 나누는 말들	탁경은	사계절	소설
48	사랑을 물어봐도 되나요?	이남석	사계절	인문사회 (성)
49	사랑의 온도	하명희	북로드	소설
50	산책을 듣는 시간	정은	사계절	소설
51	서툴다고 말해도 돼	권명환	호밀밭	에세이
52	설이	심윤경	한겨레출판	소설
53	세상이 멈춘 시간, 11시 2분	박은진	꿈결	인문사회
54	소녀, 설치고 말하고 생각하라	정희진 외	우리학교	사회
55	소년의 레시피	배지영	웨일북	에세이
56	소년이여, 요리하라	금정연 외	우리학교	인문사회
57	수의사님 왜 그러세요?	제프 웰스	신인문사	에세이

58	순례자들은 왜 돌아오지 않는가	김초엽	허블	소설
59	스프링 벅	배유안	창비	소설
60	스피릿베어	벤 마이켈슨	양철북	소설
61	식탁 위의 세계사	이영숙	창비	인문사회
62	싱커	배미주	창비	소설
63	싸우는 소년	오문세	문학동네	소설
64	야시골 미륵이	김정희	사계절	소설
65	어느 날 내가 죽었습니다.	이경혜	바람의아이들	소설
66	어느 날 신이 내게 왔다	백승남	예담	소설
67	어쩌다 중학생 같은 걸 하고 있을까	쿠로노 신이치	뜨인돌	소설
68	어쩌자고 우린 열일곱	이옥수	비룡소	소설
69	얼음 붕대 스타킹	김하은	바람의아이들	소설
70	여름의 고양이 (웃음을 선물할게)	최상희	창비	소설
71	여우와 토종 씨의 행방불명	박경화	양철북	과학
74	여자들은 다른 장소를 살아간다	류은숙	낮은산	인문
75	열세 번째 아이	이은용	문학동네	소설
77	영두의 우연한 현실	이현	사계절	소설
78	옆집 아이 보고서	최고나	한우리문학	소설
79	오뚝이 열쇠고리 (류명성 통일빵집)	박경희	뜨인돌	소설
80	오월의 달리기	김해원	푸른숲주니어	소설
81	오즈의 의류 수거함	유영민	자음과모음	소설
82	완득이	김려령	창비	소설

83	외로워서 그랬어요	문경보	샨티	에세이
84	용기 없는 일주일	정은숙	창비	소설
86	우아한 거짓말	김려령	창비	소설
87	우연한 빵집	김혜연	비룡소	소설
88	웃어도 괜찮아 (웃음을 선물할게)	김중미	창비	소설
89	위저드 베이커리	구병모	창비	소설
90	이 일기는 읽지 마세요, 선생님	마가렛 피터슨 해딕스	우리교육	소설
91	이름 없는 너에게	벌리 도허티	창비	소설
92	잠들지 못하는 뼈	선안나	미세기	소설
93	조커와 나	김중미	창비	소설
94	좀 예민해도 괜찮아	황상민	심심	사회
95	지구에서 한아뿐	정세랑	난다	소설
96	창밖의 아이들	이선주	문학동네	소설
97	나는 말랄라	말랄라 유사프자이, 크리스티나 램	문학동네	에세이
98	초콜릿 레볼루션	알렉스 쉬어러	미래엔	소설
99	최후의 늑대	멜빈 버지스	푸른나무	에세이
100	축하해	박금선	샨티	에세이
101	커피 우유와 소보로빵	카롤린 필립스	푸른숲주니어	소설
102	키싱 마이 라이프	이옥수	비룡소	소설
103	트루먼 스쿨 악플 사건	도리 힐레스타드 버틀러	미래인	소설
104	파란만장 내 인생	구경미	문학과지성사	소설
105	페인트	이희영	창비	소설

106	평양의 시간은 서울의 시간과 함께 흐른다	진천규	타커스	인문사회
107	피구왕 서영	황유미	빌리버튼	소설
108	피그말리온 아이들	구병모	창비	소설
109	하이킹 걸즈	김혜정	비룡소	소설
110	한국이 싫어서	장강명	민음사	소설
111	핵 폭발 뒤 최후의 아이들	구드룬 파우제방	보물창고	소설
112	허구의 삶	이금이	문학동네	소설
113	형 내 일기 읽고 있어	수진 닐슨	라임	소설
114	후쿠시마에 남겨진 동물들	오오타 야스스케	책공장더불어	에세이

3학년 추천 도서 목록

순	제목	저자	출판사	영역
1	내 사랑, 사북	이옥수	비룡소	소설
2	사람풍경	김형경	사람풍경	에세이
3	천 개의 공감	김형경	사람풍경	에세이
4	최후의 Z	로버트 C. 오브라이언	비룡소	소설
5	10대와 통하는 동물 권리 이야기	이유미	철수와영희	사회
6	1945, 철원	이현	창비	소설
7	4천 원 인생	안수찬, 전종휘, 임인택, 임지선	한겨레출판	현장리포트
8	가만한 당신	최윤필	마음산책	수필
9	가족의 두 얼굴	최광현	부키	에세이
10	가족의 발견	최광현	부키	심리학에세이
11	갑신년의 세 친구	안소영	창비	소설

12	계단의 집	윌리엄 슬레이터	창비	소설
13	고령화 가족	천명관	문학동네	소설
14	과자, 내 아이를 해치는 달콤한 유혹	안병수	국일미디어	과학
15	과학, 일시정지	가치를꿈꾸는 과학교사모임	양철북	과학
16	괜찮지 않습니다	최지은	알에이치 코리아	사회
17	국어 시간에 뭐 하니?	구자행	양철북	교육 에세이
18	그 여름의 서울	이현	창비	소설
19	그때 프리드리히가 있었다	한스 페터 리히터	보물창고	소설
20	그믐, 또는 당신이 세계를 기억하는 방식	장강명	문학동네	소설
21	금요일엔 돌아오렴	416세월호참사 작가 기록단	창비	수필
22	나는 내 파이를 구할 뿐 인류를 구하러 온 게 아니라고	김진아	바다	인문
23	나는 매주 시체를 보러 간다	유성호	21세기북스	에세이
24	나는 무슨 일 하며 살아야 할까?	이철수, 박현희, 송승훈, 배경내, 하종강	철수와영희	인문사회
25	나는 신들의 요양보호사입니다	이은주	헤르츠나인	에세이
26	나미야 잡화점의 기적	히가시노 게이고	현대문학	소설
27	나의 첫 젠더 수업	김고연주	창비	사회
28	난민 소녀 리도희	박경희	뜨인돌	소설
29	남동공단	마영신	새만화책	만화
30	내일 말할 진실	정은숙	창비	소설

31	녹색 상담소	작은것이아름답다	작은것이아름답다	인문
32	누나가 사랑했든 내가 사랑했든	송경아	창비	소설
33	당신이 반짝이던 순간	이진순	문학동네	인문사회
34	대리사회	김민섭	와이즈베리	에세이
35	대한민국 부모	이승욱	문학동네	에세이
36	덕혜옹주: 조선의 마지막 황녀	권비영	다산책방	소설
37	동물원에서 만난 세계사	손주현	라임	에세이
38	동물을 사랑하면 철학자가 된다	이원영	문학과지성사	에세이
39	두 번째 페미니스트	서한영교	아르테	에세이
40	들꽃, 공단에 피다	아사히 비정규직지회	한티재	사회, 노동
41	딸에 대하여	김혜진	민음사	소설
42	땀 흘리는 소설	김혜진 외	창비	단편 소설집
43	루머의 루머의 루머	제이 아셰르	내인생의책	소설
44	마션	앤디 위어	알에이치 코리아	소설
45	멧돼지의 어깨 두드리기 (지상 최대의 내기)	곽재식	아작	소설
46	모두 깜언	김중미	창비	소설
47	목요일, 사이프러스에서	박채란	사계절	소설
48	무지개 성 상담소	동성애자인권연대 외	양철북	사회
49	버드 스트라이크	구병모	창비	소설
50	베어타운	프레드릭 배크만	다산책방	소설

51	벼랑에 선 사람들	제정임	오월의봄	사회
52	불편해도 괜찮아	김두식	창비	사회
53	선량한 차별주의자	김지혜	창비	에세이
54	소년은 침묵하지 않는다 : 히틀러에 맞선 소년 레지스탕스	필립 후즈	돌베개	소설
55	소년이 온다	한강	창비	소설
56	쇼코의 미소	최은영	문학동네	소설
57	숨은 노동 찾기	신정임 외	오월의 봄	에세이
58	싸울 때마다 투명해진다	은유	서해문집	사회
59	아몬드	손원평	창비	소설
60	아무튼, 비건	김한민	위고	에세이
61	아무튼, 예능	복길	코난북스	인문사회 (성)
62	아빠, 제발 잡히지 마	이란주	삶창(삶이보이는창)	에세이
63	아픔이 길이 되려면	김승섭	동아시아	인문
64	안녕, 마징가	이승현	실천문학사	소설
65	알바생 자르기	장강명	아시아	소설
66	알지 못하는 아이의 죽음	은유	돌베개	르포
67	엄마를 부탁해	신경숙	창비	소설
68	열여덟 너의 존재감	박수현	르네상스	소설
69	영국 청년 마이클의 한국전쟁	이향규	창비	에세이
70	예민해도 괜찮아	이은의	북스코프 (아카넷)	에세이
71	오늘은 운동하러 가야 하는데	이진송	다산책방	인문사회 (성)

74	옷장에서 나온 인문학	이민정	들녘	인문사회
75	우근이가 사라졌다	송주한	한울림스페셜	사회
77	우리 몸이 세계라면	김승섭	동아시아	인문
78	우리가 외면하고 있는 동물의 행복할 권리	전경옥	네잎클로바	사회
79	우리는 마약을 모른다	오후	동아시아	에세이
80	우리도 행복할 수 있을까	오연호	오마이북	사회과학 일반
81	우리 집에 인공위성이 떨어진다면?–청소년을 위한 천문학 이야기	지웅배	창비교육	천문학
82	유리 방패(악기들의 도서관)	김중혁	문학동네	소설
83	유진과 유진	이금이	푸른책들	소설
84	유쾌한 수의사의 동물병원 24시	박대곤	부키	에세이
86	의자놀이	공지영	휴머니스트	현장 리포트
87	이갈리아의 딸들	게르드 브란튼베르그	황금가지	소설
88	이토록 아름다운 수학이라면	최영기	21세기북스	수학
89	인간과 개, 고양이 관계 심리학	세르주 치코티	책공장더불어	심리 에세이
90	일의 기쁨과 슬픔	장류진	창비	소설
91	잃었지만 잊지 않은 것들	김선영	라이킷	에세이
92	장콩 선생님이 들려주는 한국사 맞수 열전	장용준	북멘토	역사
93	저건 사람도 아니다	서유미	창비	소설

94	저는 남자고, 페미니스트입니다	최승범	생각의 힘	에세이
95	즐거운 나의 집	공지영	폴라북스 (현대문학)	소설
96	책갈피의 기분	김먼지	제철소	에세이
97	친절하게 웃어주면 결혼까지 생각하는 남자들	박정훈	내인생의 책	인문
98	페니미스트 선생님이 필요해	이민경 외	동녘	인문사회 (성)
99	평화무임승차자의 80일	정다훈	서해문집	역사
100	피프티 피플	정세랑	창비	소설
101	하이타니 겐지로의 생각들	하이타니 겐지로	양철북	에세이
102	허삼관 매혈기	위화	푸른숲	소설
103	휴가 중인 시체	김중혁	아시아	소설

중학생을 위한 추천 사이트 목록

명칭	주소	활용
족보닷컴	www.zocbo.com	중, 고등학교별 기출문제 (유료)
수박씨닷컴(비상교육)	www.soobakc.com	기출문제, 진로 상담, 수행평가 대비 등 (무료/유료)
교육부 공식 블로그	if-blog.tistory.com/3121	교육정책 및 교육 관련 이슈
국가 교육과정 정보센터	ncic.re.kr	2015 학교별, 과목별 교육과정
한국 검인정 교과서 협회	www.ktbook.com	교과서 구매
EBS 중학	mid.ebs.co.kr	수준별, 출판사별 강의 및 자료
EBS 잉글리시	www.ebse.co.kr	다양한 영어 콘텐츠(무료/유료)

참고 문헌

참고 도서

자유 학기제 엄마가 알면 성공한다 / 이선영, 주지동 / 좋은땅 / 2015

자유 학기제의 이론과 실제 / 신재한, 권민석 / 피엔아이시스템 / 2015

꿈과 끼를 찾는 자유 학기제의 모든 것 / 양소영 / 꿈결 / 2016

달라진 수업, 행복한 학교 / 자유 학기제 교사 모임 / 라임 / 2015

영어, 왜 중학교 가면 와르르 무너질까? / 쎄듀 영어 연구소 / 쎄듀 / 2016

자유 학기, 이런 수업 어때요? / 김은미 외 8명 / 창비교육 / 2017

어쩌다 중학생 같은 걸 하고 있을까? / 쿠로노 신이치 / 뜨인돌 / 2012

중학생 공부법의 모든 것 / 박소정 / 꿈결 / 2018

중학생 글쓰기를 부탁해 / 한경화 / 꿈결 / 2016

중학 생활 끝판왕 / 정동완 외 / 꿈구두 / 2021

중학생, 기적을 부르는 나이 / 박미자 / 들녘 / 2013

중학생을 위한 즐겁게 독서 포트폴리오 쓰고 멋지게 성적 올리기 / 권혜진
외 / 아주큰선물 / 2012

중 1 신입생 가이드북 / 비상교육 수박씨닷컴

미래 교육 나침반 / 지미정 / 앤써북 / 2023

참고 자료

[교육부 고시 제2022-33호] 초중등학교 교육과정 총론 및 각론 고시

2025학년도 서울특별시 고등학교 입학전형 기본계획

2027학년도 경기도 고등학교 입학내신성적 반영지침 예고안

참고 기사

충남일보, "대전 신탄진중, '꿈틔우미'(美) 마을교육공동체 진로체험활동
'호응'"

https://news.mt.co.kr/mtview.php?no=2023071214123340286

AI 디지털교과서 추진방안 발표

https://www.korea.kr/briefing/policyBriefingView.
do?newsId=156574196

중등 사회 교과서 공부법, 중앙일보

https://news.joins.com/article/8595391

대한민국 정책브리핑

https://www.korea.kr/news/policyNewsView.do?newsId=148775965

조선일보 인권위 "교내서 학생 휴대폰 금지는 인권침해"

https://www.chosun.com/national/education/2020/11/05/
KKJU6ADKLRD2BMQXEBT4K65XSU/?utm_source=naver&utm_

medium=original&utm_campaign=news

스마트폰이 우리에게 미치는 긍정적인 영향

https://www.sktinsight.com/119920

스마트폰에 푹 빠진 중학생

http://www.dt.co.kr/contents.html?article_no=2019101302109931

033002&ref=naver

참고 사이트

한국 검인정 교과서 협회 http://www.ktbook.com

국가교육과정 정보센터 http://ncic.re.kr

교육부 공식 블로그 https://if-blog.tistory.com/3121)

중학교 수행평가 자료 포털

https://www.soobakc.com/promotion/event/2018/0313_freepass

과학 탐구 자료 포털 http://www.soobakc.com/promotion/

event/2018/0313_science

비상교육 수박씨닷컴 중학생 및 학부모를 위한 학습/입시 가이드

https://www.soobakc.com/promotion/event/2019/0523_guide/

index.asp?

비상교육 수박씨닷컴 진로 적성 검사 무료 서비스

http://www.soobakc.com/promotion/event/2017/1017_

aptitudeTest/index.asp?

미래를 여는 선택, 고교학점제 https://www.hscredit.kr/index.do